별이 빛나는

우주의 과학자들

방과 후 인물 탐구 12

별이 빛나는 우주의 과학자들

지구 너머를 꿈꾼 우주 발견의 역사

지웅배 지음

다른

차례

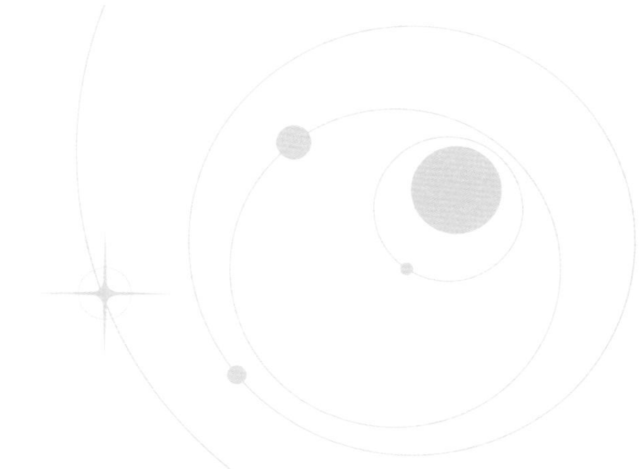

가장_아름다운 천문학_박사_논문

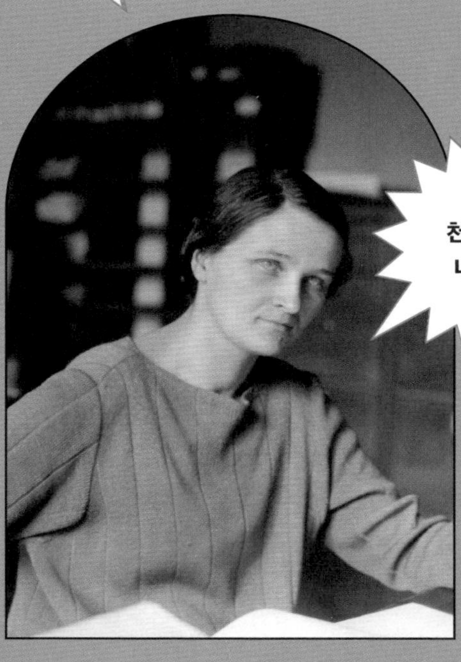

밤하늘의 별을 보며
자신의 길을 묵묵하게 걸어가는

INFP

별은 기체로 이루어져 있다

세실리아 페인

1900 ~ 1979

미국의 천문학자, 천체물리학자

천문학은 별의 과학이야. 우주의 암흑 속에서 작은 보석처럼 빛나는 별을 연구하지. 그래서 천문학자들을 '별 볼 일 많은' 과학자라고도 해. 잠깐, 그런데 천문학에서 '별'이 무엇을 가리키는지 알고 있니? 정확히 말해 별은 스스로 빛을 내는 천체야. 다른 말로는 항성이라고 하지. 우리에게 가장 익숙한 별(항성)을 예로 들자면 바로 태양이 있어.

오늘날에는 태양과 같은 항성이 뜨겁게 이글거리는 거대한 가스 덩어리라는 것을 알고 있지만, 불과 100년 전까지만 해도 그렇지 않았어. 당시 천문학자들은 별도 지구처럼 암석이나 금속으로 이루어져 있으리라고 생각했거든. 다만 온도가 너무 뜨거워서 밝게 빛나고 있는 용광로 같은 상태일 것이라고 추측했을 뿐이야.

밤하늘에 빛나는 별은 작은 점으로만 보여. 직접 별까지 날아가서 별이 가스 덩어리인지, 펄펄 끓으며 녹아 있는 금속 덩어리인지 확인할 수는 없었지. 그렇다면 직접 가 보지도 못하고 만져 보지도 못한 별의 정체를 우린 어떻게 알게 된 것일까? 최초로 별을 별답게 바라본 천문학자 세실리아 페인의 이야기를 들려줄게.

남몰래 플라톤을 읽던 외골수 소녀

페인은 1900년, 영국 잉글랜드에 있는 작은 도시 웬도버에서 태어났어. 페인은 아주 어렸을 때 어머니와 함께 밤하늘에서 쏟아지는 유성우를 봤던 기억을 소중하게 간직했어. 당시 어머니가 페인을 위해 직접 다음과 같은 짧은 노랫말을 만들어 불러 주었지.

"밤사이 집으로 걸어가는 동안, 우린 밝게 빛나는 별똥별을 봤어."

페인은 이때부터 우주를 바라보며 살기를 꿈꿨어. 안타깝게도 페인이 네 살이 되던 해, 변호사로 일하고 있던 아버지가 갑작스럽게 세상을 떠났어. 강가에서 그만 발을 헛디뎌 일어난 사고였지. 아버지의 죽음 이후 페인은 어머니 그리고 동생들과 함께 지냈어. 페인이 열두 살이 되던 해, 어머니는 남동생의 교육을 위해 가족을 데리고 런던 중심지로 이사를 했어. 페인도 1918년부터는 영국의 명문 학교 중 하나로 손꼽히는 세인트 폴 여학교를 다니게 되었고 말이야. 바로 이곳에서 페인은 본격적으로 과학의 매력에 빠지기 시작했어.

당시 유명한 작곡가였던 구스타프 홀스트가 이 학교의 음악 선생님으로 있었어. 참고로 홀스트는 태양계 행성을 주제로 한 곡들로 잘 알려져 있기도 해. 페인은 수학, 과학뿐 아니라 음악에도 엄청난 재능을 보였대. 홀스트가 페인에게 아예 음악으로 진로를 쭉 이어 가 보는 게 어떨지 제안할 정도였지. 하지만 페인의 진짜 관심사는 오직 하나, 과학뿐이었어. 당시 페인이 다니던 학교는 가톨릭 학교라 매주 다 함께 모여 예배를 드리는 채플 수업을 들어야 했어. 그 시간이 지루했던 페인은 선생님 몰래 성경 책 안에 자연 철학에 관한 플라톤의 책이나 다른 과학 책을 숨겨 놓고 읽곤 했지.

과학에 흠뻑 빠져 살던 페인은 열아홉 살이 되던 1919년, 케임브리지 대학교 소속인 뉴넘 대학에 입학하게 돼. 그런데 재미있게도 맨 처음에 페인이 선택한 전공은 천문학이 아닌 식물학이었어. 그때까지만 해도 (특히 보수적인 영국에서는) 천문학과, 물리학과에 여학생이 입학하는 일은 거의 불가능했거든. 여성은 아예 해당 과목의 수업을 듣지 못하게 강요하는 분위기 때문이었어. 여학생에게는 식물학 같은 과목이 어울린다나? 그래서 페인은 한동안 식물학 수업을 성실하게 들으면서 지냈어.

번개 내리치듯 찾아온 천문학자의 꿈

그런데 그다음 해, 페인에게 새로운 꿈을 안겨 준 중요한 사건이 벌어졌어. 1920년 케임브리지의 학생 식당, 트리니티 다이닝홀에 학생들이 바글바글 모였어. 아주 유명한 천문학자의 초청 강연을 듣기 위해서였지. 당시 여학생들에게 주어진 강연 티켓은 고작 네 장뿐이었대. 원래 페인은 티켓을 받지도 못했어. 그런데 우연히도 원래 가기로 했던 다른 친구 한 명이 일정을 취소하는 바람에 페인에게 그 티켓이 넘어오게 되었지. 그렇게 페인은 강연에 참석할 수 있었어.

그 자리에서는 영국의 천문학자 아서 에딩턴의 강연이 열렸어. 그는 1919년에 원정대를 꾸려 남아메리카와 남아프리카에서 개기 일식을 관측하는 프로젝트를 진행했어. 이 관측을 통해 에딩턴은 달 뒤에 가려진 태양 주변의 강한 중력으로 별빛의 경로가 휜다는 놀라운 사실을 입증했어. 중력 때문에 시공간이 휘어질 수 있다는 알베르트 아인슈타인의 일반 상대성 이론을 관측을 통해 증명한 첫 순간이었지. 당시까지만 해도 아인슈타

1919년 5월 29일, 남아메리카 브라질 소브라우에서 관측된 개기 일식

인의 일반 상대성 이론은 발표된 지 1년도 안 된 따끈따끈한 최신 이론이었거든.

그 놀라운 가설을 직접 증명한 천문학자 에딩턴의 강연을 들으면서 페인은 그동안 알지 못했던 또 다른 세계가 있다는 것을 깨달았어. 강연이 끝나고 방으로 돌아왔을 때도 심장은 계속 두근거렸어. 페인은 일기장에 그날 배운 내용을 꼼꼼하게 기록했어. 그 내용은 페인에게 실로 큰 감명을 주어서 며칠 동안 감정을 주체하기 힘들 정도였지. 머릿속에 번개가 내리친 듯한 큰 충격이었다고 해. 페인은 그간 잊고 있던 어린 시절, 어머니와 함께 바라봤던 밤하늘의 추억을 떠올렸어. 페인은 이날의 경험에 관해 다음과 같은 글을 남겼지.

> "그 강연은 세상을 바라보는 나의 관점을 송두리째 바꿔 버렸다. 신경 쇠약에 버금가는 충격적인 경험을 하면서 내가 알고 있던 세상이 완전히 흔들린 것이다."

그날 이후 페인은 본격적으로 천문학자의 길을 걷기로 다짐했어. 남학생들만 가득했던 교실에 들어가 물리학 수업도 듣기 시작했지. 당시 교실에서 여학생은 페인 한 명뿐이었다고 해. 항상 모범생의 지정석이라 할 수 있는 교실 맨 앞자리 한가운데에 앉아서 수업을 들었지. 이것과 관련해 전해지는 이야기가 있어. 당시 케임브리지에서 물리학을 가르치던 교수 중에 어니스트 러더퍼드라는 사람이 있었거든. 참고로 그는 원자의 중심에 원자핵이 있다는 사실을 발견했고, 원소의 붕괴를 연구한 업적으로 노벨 화학상을 받은 물리학자이기도 해. 러더퍼드는 항상 '신사 숙녀 여러분'이라는 인사말로 수업을 시작했는데, '숙녀'라는 말을 뱉을 때마다 맨 앞에 앉아 있는 페인을 콕 가리켰다고 해. 그럴 때마다 교실에 있는 남학생들은 킥킥거렸고, 모두의 눈이 페인에게 집중되곤 했지. 페인은 그게 정말 싫었대.

페인은 남은 학기 동안 꿋꿋하게 모든 수업을 다 들었어. 하지만 안타깝게도, 당시 영국에서는 똑같은 수업을 들어도 여학생에게만은 졸업 학위를 주지 않았어. 기껏 물리학 수업을 다 들었건만 보수적이었던 영국 사회에서 페인이 가질 수 있는 직업은 중고등학교 과학 교사뿐이었지. 하지만 페인은 자신의 마음속에 번개를 일으켰던 에딩턴처럼 직접 하늘을 보고 우주의 비밀을 푸는 천문학자가 되고 싶었어. 페인은 대학을 다닐 때 잠시 수업 조교로 일하면서 만났던 천문학과 교수 레슬리 컴리를 찾아갔지. 그리고 그에게 추천서를 받아서 1923년에 미국 하버드 대학교로 건너갔어.

당시 새로운 관측 프로젝트를 시작하던 하버드 천문대에서는 연구 현장에 처음으로 여성 인력을 대거 고용하고 있었어. 다만 이때 고용되었던 여성 천문학자들 대부분은 남성 천문학자들과 같은 대우를 받지는 못했지(더 자세한 이야기는 다음 장에서 들려줄게). 페인은 하버드 천문대 대장을 맡고 있던 할로 섀플리와 함께 연구하게 되었어. 첫해 동안 페인은 다른 여성 천문학자들이 하던 것과 별반 다르지 않은 잡일만 하면서 시간을 보냈어. 더 제대로 된 연구를 하고 싶었던 페인은 섀플리에게 정식으로 새로운 연구 과제를 할 수 있게 해 달라고 요청했지. 그때 섀플리는 페인에게 흥미로운 제안을 했어. 천문학 박사 학위를 목표

할로 섀플리

로 별빛 속에 스며들어 있는 화학 성분을 밝혀내는 연구를 해 보자는 제안이었지.

별빛의 재료를 최초로 확인하다

1900년대부터 하버드의 여성 천문학자들은 수십만 개가 넘는 별들의 스펙트럼을 관측했어. 천문학자들은 단순히 망원경으로 모은 별빛을 눈으로만 보고 끝내지 않아. 그 별빛을 프리즘에 통과시키지. 그러면 별빛 속에 들어 있는 다양한 파장의 빛이 나뉘어 알록달록한 **스펙트럼**이 나타나. 그런데 별빛에 포함된 다양한 화학 성분은 각기 특정한 파장의 빛을 흡수하는 성질이 있어. 그래서 별빛의 스펙트럼에는 중간중간 바코드처럼 검은 줄무늬로 끊겨 있는 부분들이 생기지. 이런 스펙트럼을 흡수 스펙트럼이라고 하고, 검은 줄무늬를 흡수선이라고 해. 섀플리가 페인에게 새롭게 맡긴 연구 주제가 바로 별빛의 스펙트럼 속 검은 줄무늬를 보면서 화학 성분을 밝혀내는 것이었어.

지식 더하기

스펙트럼
빛을 프리즘과 같은 장치를 통해 파장에 따라 분해해서 살펴보는 것을 말한다. 파장이 짧은 빛은 푸른색, 파장이 긴 빛은 붉은색을 띤다.

그런데 바로 여기에서 페인은 그동안 다른 천문학자들이 놓치고 있던 중요한 사실을 깨달았어. 별은 수천 도, 수만 도에 육박하는 온도로 뜨겁게 달궈져 있어. 이런 높은 온도에서는 원자들도 안정하게 존재하지 못해. 너무 뜨겁다 보니 원자에서 전자가 하나둘 아예 바깥으로 빠져나간 상태로 존재하게 되지. 이때 원자는 '이온'이 되었다고 하고, 이렇게 전자가 떨어져 나가는 과정을 '이온화'라고 해.

안정된 원자는 전기적으로 중성이야. 한편 전자는 전기적으로 음(-)을 띠고 있어. 그래서 안정적인 원자에서 전자가 하나둘 떨어져 나가면 그 이온은 양(+)을 띠게 되지. 그러면 이온은 주변에 남아 있는 전자를 더 강하게 붙잡게 돼. 이 말은 이온이 될수

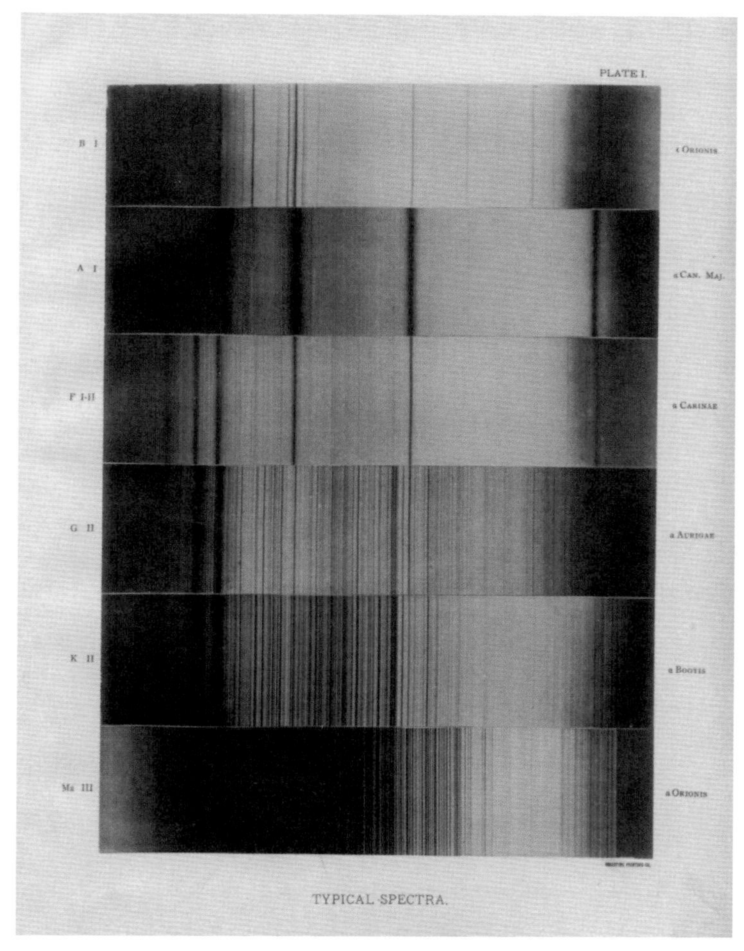

당시 천문학자들이 관측했던 별빛의 스펙트럼

록 원자에 남아 있는 전자를 떼어 낼 때 필요한 에너지가 더 커진다는 뜻이야. 그 결과, 이온이 흡수할 수 있는 빛의 파장도 달라지게 돼. 당연히 별빛의 스펙트럼에서 이온의 흡수선이 생기는 위치는 안정적인 원자의 흡수선이 생기는 위치와 달라지겠지! 별은 온도가 아주 뜨거워서 대부분 원자는 이미 이온화가 된 상태일 거야. 따라서 별빛에 어떤 화학 성분이 들어 있는지 제대로 파악하려면 바로 이 이온으로 인한 효과를 더 섬세하게 고려해야 하지.

인도의 천체물리학자 메그나드 사하는 온도와 압력에 따라 이온화되는 원자들의 개수가 어떻게 달라지는지를 수학적으로 풀 수 있는 사하 방정식을 1920년에 발표했어. 페인은 사하의 방정식을 적용해서 별빛의 스펙트럼을 연구했지. 그동안 다른 천문학자들은 미처 신경 쓰지 않았던 이온의 효과까지 고려하자 더 정확한 분석을 할 수 있었어. 그 결과 페인은 아주 놀라운 사실을 발견했지.

처음에는 별빛의 스펙트럼 속에서 마그네슘, 철, 칼슘과 같은 다양한 금속 원소의 존재가 보였어. 다른 천문학자들이 오래전부터 예측한 것처럼 별도 지구와 비슷한 재료로 이루어져 있는 것 같았지. 하지만 방정식을 적용해 보니 그것은 사실이 아니었어. 금속 같은 무거운 원소들의 양은 굉장히 적었고, 대신 예상치 못한 원소들이 압도적으로 많았지. 그 성분이 바로 수소와 헬륨이야. 금속보다 훨씬 가벼운 수소와 헬륨이 무려 100만 배는 더 많았어.

이것은 당시에는 이해할 수 없는 충격적인 발견이었어. 모두가 별도 지구처럼 주변에서 흔하게 볼 수 있는 마그네슘, 철과 같은 무거운 원소로 이루어져 있을 것으로 생각했거든. 이러한 이론을 '균일성 가설'이라고 해. 천문학자 에딩턴이 강하게 주장했던 가설이지. 페인에게 천문학자라는 새로운 꿈을 심어 주었던 그 천문학자 말이야. 그런데 에딩턴을 보고 천문학자가 된 페인은 첫 번째 연구에서부터 에딩턴의 가설을 정면으로 반박하는 충격적인 증거를 발견한 거야. 뜨겁게 달궈진 채 밝게 빛나고 있는 금속 덩어리인 줄 알았던 별이 사실은 수소와 헬륨으로 채워진 가스 덩어리였다는 것을 말이야! 페인은 별이 대체 어떻게 빛나고 있는 건지, 그 재료가 무엇인지를 처음으로 확인한 거지.

하버드 래드클리프 대학에서 페인을 지도하고 있던 천문학자 섀플리는 이 놀라운 발견을 주제로 한 박사 학위 논문을 제안했어. 그리고 여러 천문학자에게 페인의 졸업 심사를 부탁했지. 그런데 안타깝게도 천문학자들은 페인의 발견을 믿지 못했어. 대부분 별이 지구와 비슷한 재료로 이루어져 있을 것이라는 균일성 가설을 지지하고 있었거든. 페인이 활용했던 사하의 방정식에도 당시에는 여러 한계가 있었어. 이런 문제 때문에 천문학자들은 별이 뜨거운 가스 덩어리라는 페인의 주장에 오류가 있으리라 의심했지.

특히 당시에 아주 유명했던 천문학자이자 심사 위원을 맡아 주기로 한 헨리 러셀은 페인의 주장에 강하게 반발했어. 그리고 페인에게 이런 제안을 했지. 논문 말미에 자신의 연구 결과에는 큰 한계가 있고 자신도 이 결과를 받아들이기 어렵다는 치욕스러운 문장을 추가하면 졸업을 시켜 주겠다고 말이야. 물론 페인은 자신의 발견을 믿고 있었어. 하지만 학위를 받으려면 어쩔 수 없이 심사위원의 요구를 받아들여야 했지. 페인은 눈물을 머금고 자신의 멋진 논문 한 페이지에 이런 문장을 추가했어.

"지구에서와 달리, 별의 대기에서 수소와 헬륨의 양이 두드러지는 것을 발견했다. 하지만 이러한 원소 양의 막대한 차이는 아마도 확실히 사실이 아닐 것이다."

그런데 공교롭게도 그로부터 4년 뒤, 페인의 발견을 가장 크게 의심했던 천문학자 러셀도 비슷한 발견을 하게 되었어. 결국 러셀은 별이 지구와 달리 가벼운 기체만으로 이루어진 존재라는 것을 인정했지. 물론 러셀은 페인의 논문을 인용해 그녀의 발견이 앞섰음을 인정했어. 하지만 그때까지만 해도 러셀이 워낙 유명한 천문학자였기 때문에, 한동안 많은 사람은 별의 정체

헨리 러셀

를 처음으로 밝혀낸 주인공이 페인이 아니라 러셀이라고 착각하기도 했지.

페인의 눈으로 바라보는 별들의 세상

지구와 별이 사실 얼마나 다른 존재인지, 땅과 하늘의 세계를 구분해 주었던 페인의 박사 논문 「항성 대기: 항성 대기권의 역전층 고온에 대한 관측 연구 결과」는 지금까지도 천문학 역사상 '가장 아름다운 박사 논문'으로 불리고 있어. 이후 한동안 천문대 보조 연구원으로 일하던 페인은 1938년에 비로소 천문학자라는 공식 직함을 얻었어. 1956년에는 하버드 역사상 첫 여성 정교수로 부임했지. 그리고 자신처럼 우주를 사랑했던 많은 젊은이가 천문학자의 꿈을 이룰 수 있도록 지도했어.

1946년 미국 천문학회는 섀플리의 제안을 따라 헨리 러셀의 업적을 기념하는 '헨리 노리스 러셀 렉처십'이라는 상을 만들었어. 매년 연구 업적이 뛰어난 천문학자에게 수여하는 상으로, 지금도 많은 천문학자가 받고 싶어 하는 영광스러운 상이야. 첫 번째 수상자는 헨리 러셀이었어. 그런데 재미있게도 1976년, 페인도 헨리 노리스 러셀 렉처십의 주인공이 되었지. 생각해 보면 참 질긴 인연이 아닐까? 러셀은 별의 성분에 관한 페인의 놀라운 발견을 의심하고, 논문에 굴욕적인 문장까지 넣도록 강요했잖아. 공교롭게도 바로 그 러셀을 기념하는 상을 페인이 차지한 거야. 비로소 러셀을 비롯한 모두가 페인이 틀리지 않았다는 것을, 페인이야말로 별빛을 가장 제대로 바라보고 있었다는 것을 인정하고 축하하는 순간이었지.

우리에게 별의 진짜 정체를 알려 주었던 페인은 79세에 폐암으로 세상을 떠났어. 여전히 밤하늘의 별은 작게 빛나는 희미한 점으로 보일 뿐이지만, 페인의 발견 덕분에 우리는 그 점을 바라보면서 거대하게 이글거리는 가스 덩어리의 모습을 상상할 수 있어. 우리는 모두 페인의 눈으로 별을 보고 있는 거지. 비록 페인은 밤하늘의 별이 되어 지구를 떠났지만, 우주를 바라보는 우리의 눈동자 속에 페인은 영원히 함께하고 있는 거야. 페인이 남긴 멋진 말을 되새겨 보며, 그녀가 발견의 순간에 느꼈을 짜릿함을 함께 상상해 보자.

> "젊은 과학자에게 최고의 보상은 세계 최초로 무언가를 처음 발견하거나 이해한 사람이 되었을 때 느낄 수 있는 소름 돋는 감정일 것이다."
>
> — 1977년 '헨리 노리스 러셀 렉처십' 수락 강연에서

스펙트럼 관측으로 외계 생명체 추적하기

외계 행성은 지구와 수백 광년 거리에 떨어져 있어서 직접 가서 확인할 수는 없어. 지구에서 망원경으로 관측해서 그 존재 여부를 확인해야 하지. 대신에 외계 행성의 대기권에 어떤 성분이 있는지를 알면 그 행성이 어떤 모습을 하고 있는지 추측할 수는 있어. 만약 어떤 외계 행성의 대기권에 지구처럼 풍부한 물과 산소가 존재한다면? 높은 확률로 이곳에서도 지구와 비슷한 생태계를 기대할 수 있지! 그렇다면 직접 가 볼 수도 없는 먼 외계 행성의 대기권 성분을 어떻게 확인할 수 있을까?

바로 여기에 스펙트럼 관측을 활용하면 돼. 외계 행성의 대기권을 통과할 때 별빛의 일부가 흡수되거든. 그런데 앞에서도 잠깐 언급했듯이 화학 성분에 따라 흡수할 수 있는 빛의 파장은 모두 정해져 있어. 외계 행성의 대기권을 통과한 별빛의 스펙트럼을 분석해서 어떤 파장의 빛이 흡수되었는지만 보면 대기권에 어떤 성분이 있는지 알 수 있는 거야.

최근에는 아주 흥미로운 발견이 있었어. 지구에서 약 120광년 거리에 떨어진 외계 행성 K2-18b에서 아주 많은 양의 수증기와 이산화 탄소를 발견했거든. 이 행성은 지구보다 질량이 여덟 배 무겁지만 중심 별과 꽤 떨어져 있어. 그래서 행성 표면에 바다가 존재하기 적당한 온도를 가지고 있지.

표면이 모두 액체 바다로 덮인 K2-18b 상상도

몇몇 천문학자들은 이 외계 행성에서 식물성 플랑크톤 같은 외계 생명체의 증거를 찾으려고 추가 관측까지 준비하고 있어! 페인이 활용했던 스펙트럼 관측 기술로 별빛뿐 아니라 외계 생명체의 가능성까지 찾고 있는 셈이지.

천문학의_판도를_뒤집은 인간_컴퓨터

우주의 비밀은
숫자와 그래프
속에 있다

조건이 얼마나 변화무쌍하든
한번 시작하면 끝을 보는

ISTJ

2

별과의 거리를 가늠하다

헨리에타 스완 레빗

1868 ~ 1921

미국의 천문학자

“이 별은 100광년 거리에 떨어져 있다.” 같은 표현 많이 들어 봤지? 그런데 이런 고민해 본 적 있어? 100광년이라는 건 우주에서 가장 빠른 빛의 속도로 가도 100년 걸리는 아주 먼 거리야. 당연히 그 먼 곳까지 직접 갈 수 없어. 그런데 천문학자들은 별이나 은하가 수백, 수천, 심지어 수억 광년 떨어져 있다고 이야기해. 대체 어떻게 그걸 알 수 있을까?

별까지 거리를 재는 건 간단하지 않은 일이야. 지금까지도 천문학자들을 괴롭히는 지긋지긋한 문제지. 별은 멀수록 더 어둡게 보여. 따라서 ‘겉보기 밝기’만 갖고는 별이 실제로 밝은 건지, 아니면 원래는 어두운데 거리가 가까워서 밝게 보이는 건지 알 수 없어. 별의 정확한 실제 밝기, 즉 ‘절대 밝기’를 알려면 우선 별이 얼마나 멀리 떨어져 있는지 알아야 하지. 그런데 거리를 구하려면 이번엔 반대로 그 별의 절대 밝기를 알아야 해. 결국 돌고 도는 문제에 빠져 버리지. 쳇바퀴처럼 반복되는 이 문제를 속 시원하게 해결해 준 천문학자가 바로 헨리에타 스완 레빗이야.

하버드 천문대의 컴퓨터가 되다

레빗은 우연한 계기로 천문학을 연구하게 되었어. 20세기가 밝아 온 무렵, 하버드 대학교의 천문학자 에드워드 피커링은 더 많은 밤하늘을 관측하고 싶었어. 미국과 유럽 곳곳에 천문대가 있었지만 그곳에서 볼 수 있는 하늘은 북반구의 하늘뿐이었지. 그래서 남반구의 하늘을 보려고 페루 아레키파에 새로운 천문대를 지었어. 당시까지만 해도 디지털 사진 기술이 없어서, 망원경으로 본 하늘은 특수한 화학 용액을 바른 유리 건판으로 촬영해 사진을 남겼어. 빛을 받으면 검게 그을리는 용액을 바른 유리 건판을 망원경 뒤에 끼워 놓으면, 망원경을 통해 별빛이 들어온 자리에만 검은 반점이 남게 되지. 별이 없는 깜깜한 우주는 투명하게, 밝은 천체가 빛나는 부분은 검게 그을린 듯 표현되는 거야. 흑백이 반전된 우주의 모습이었지.

그때부터 남반구의 천문학자들이 촬영한 산더미 같은 유리 건판이 주기적으로 하버드로 배달되었어. 페루에서 미국 보스턴까지 배를 타고 왔지. 피커링은 북반구에서 남반구까지, 지구 전

에드워드 피커링

역의 둥근 밤하늘을 모두 관측할 수 있게 되어서 뿌듯했지만 한편으로는 새로운 고민이 생겼어. 당시 하버드 천문대에서 일하고 있던 소수의 천문학자로는 쌓여만 가는 관측 데이터를 분석하고 정리하기가 벅찼던 거야.

그러던 어느 날 피커링은 자신의 저택에서 일하던 가정부 윌리어미나 플레밍을 보고 묘안을 떠올렸지. 유리 건판에 찍힌 별의 개수를 세고, 제각기 다른 검은 반점의 크기를 재고, 별의 밝기를 옮겨 적는 정도는 수학이나 물리학을 몰라도 연습을 통해 충분히 할 수 있는 작업이라는 생각이 든 거야. 피커링은 플레밍과 같은 여성들을 고용해 약간의 훈련만 시킨다면 일손이

부족한 천문대의 문제를 해결할 수 있겠다고 생각했어. 100년 전에는 남성보다 여성의 평균 임금이 훨씬 낮았거든. 그러니 한정된 천문대 예산으로도 관측 데이터 정리와 간단한 계산을 맡을 여성 인력을 대거 고용할 수 있었지.

대학을 졸업하고 잠시 가족들과 휴식을 즐기고 있던 레빗도 이때쯤부터 하버드 천문대에서 일하기 시작했어. 당시 피커링의 연구실에서 일했던 여성 천문학자들이 한 작업은 아주 고된 일이었어. 유럽과 페루를 비롯한 지구 전역에서 전달되는 수많은 유리 건판을 하나하나 눈으로 들여다보면서 별을 기록했지. 밝게 빛나는 별일수록 건판에는 더 크게 찍히니까 반점의 크기를 정확하게 재서 별의 밝기로 환산해야 했어.

여성 천문학자들은 보석상이 보석을 감정할 때 끼는 렌즈를 한쪽 눈에 끼고 반점의 크기를 일일이 쟀어. 또 별자리 지도를 옆에 펼쳐 놓고 유리 건판에 담긴 하늘이 정확히 어떤 방향의 하늘을 바라보고 찍은 것인지도 대조하면서 기록해야 했지. 말 그대로 인간 계산기나 다름없었어. 그래서 당시 피커링의 연구실에서 일했던 여성 천문학자들을 뭐라고 불렀는지 알아? '계산을 하는compute 사람'이라는 뜻에서 '컴퓨터computer'라고 불렀어. 맞아! 우리가 오늘날 일할 때, 쉴 때 사용하는 컴퓨터라는 단어 자체가 원래는 하버드 천문대에 고용되어 일했던 여성 천문학자

1890년경 돋보기를 들고 앉아 있는 레빗(왼쪽에서 세 번째)과
중앙에 서 있는 윌리어미나 플레밍

들을 부르는 표현이었어. 이제는 그 일을 인간이 아닌 기계가 대신하고 있을 뿐이지.

변광성과의 운명적 만남

당시에는 별들의 밝기를 일관되게 측정하는 체계가 제대로 잡혀 있지 않았어. 유명한 별을 기준으로 주변의 별이 상대적으로 어떻게 보이는지로 밝기를 구분할 뿐이었지. 보통의 경우에 별은 항상 같은 밝기로 보여. 그래서 한 번만 관측해도 별의 밝기를 알 수 있지. 그런데 어떤 별들은 그렇지 않아. 시간이 지나면서 밝아졌다가 어두워졌다가를 반복하지. '변광성'이라 부르는 이 별들은 수일 또는 하루 이틀 주기로 밝기가 요동쳐. 대체 왜 밝기가 계속 변할까? 난감해하던 피커링은 이 변광성의 분석을 레빗에게 맡겼어.

변광석 분석은 다른 동료들이 맡은 일에 비해서 훨씬 까다로웠어. 다른 사람들은 유리 건판을 들여다보고 사진 속 별의 밝기를 측정하면 되었지만, 레빗은 그렇지 않았지. 며칠 동안 같은 하늘을 관측한 유리 건판을 쭉 펼쳐 놓고 사진 속 점을 모두 비교하면서 밝기가 조금이라도 요동치는 별을 찾아야 했어. 며칠을 주기로 그 밝기가 변하는지 패턴도 파악해야 했고 말이야. 당시 가장 널리 알려진 변광성 중에는 백조자리에서 요동치는 별도 있었는데, 레빗의 중간 이름이 백조를 뜻하는 스완Swan이라는 것을 생각해 보면 변광성과 레빗의 특별한 인연은 아마 예견되었던 운명일지도 모르겠어.

1904년 어느 봄날, 레빗의 책상에는 페루에서 갓 도착한 새로운 유리 건판이 하나 올려져 있었어. 작은 점들이 빽빽하게 채워져 있고 평퍼짐한 가스 구름이 그 주변을 에워싸고 있는 모습이었지. 바로 남반구 하늘에서 볼 수 있는 소마젤란운이었어. 마젤란운은 16세기에 최초로 세계 일주를 성공했던 포르투갈 출신의 스페인 탐험가 페르디난드 마젤란이 남반구 바다를 항해하면서 발견한 은하야. 그는 밤하늘에서 뿌옇고 이상한 형체를 발견했고, 크고 작은 두 개의 별 무리 구름을 각각 대마젤란운과 소마젤란운이라고 불렀지. 당시 레빗의 손에 쥐어진 유리 건판에는 그중 소마젤란운에서 날아온 빛이 담겨 있었던 거야.

지식 더하기 

은하

별, 성간 물질, 암흑 물질, 블랙홀 등 다양한 천체가 모여 이루고 있는 집단.

레빗은 이 한 장의 유리 건판 안에서 무려 400개가 넘는 변광성을 한꺼번에 발견했어. 레빗의 흥미로운 발견은 곧바로 그 해 〈하버드 대학 천문대 연보〉에 소개되었고, 많은 천문학자의 이목을 끌었지. 이후 더 발전된 레빗의 발견 소식을 소개하면서 〈워싱턴 포스트〉는 다음과 같이 썼어.

> “하버드 천문대에서 일하는 헨리에타 S. 레빗은 변덕스러운 별[star] 스물다섯을 발견했다. 그의 기록은 찰스 프로만의 것과 같다.”

참고로 찰스 프로만은 당시 스물다섯 명의 걸출한 스타를 발굴했던 유명한 공연 프로듀서라고 해.

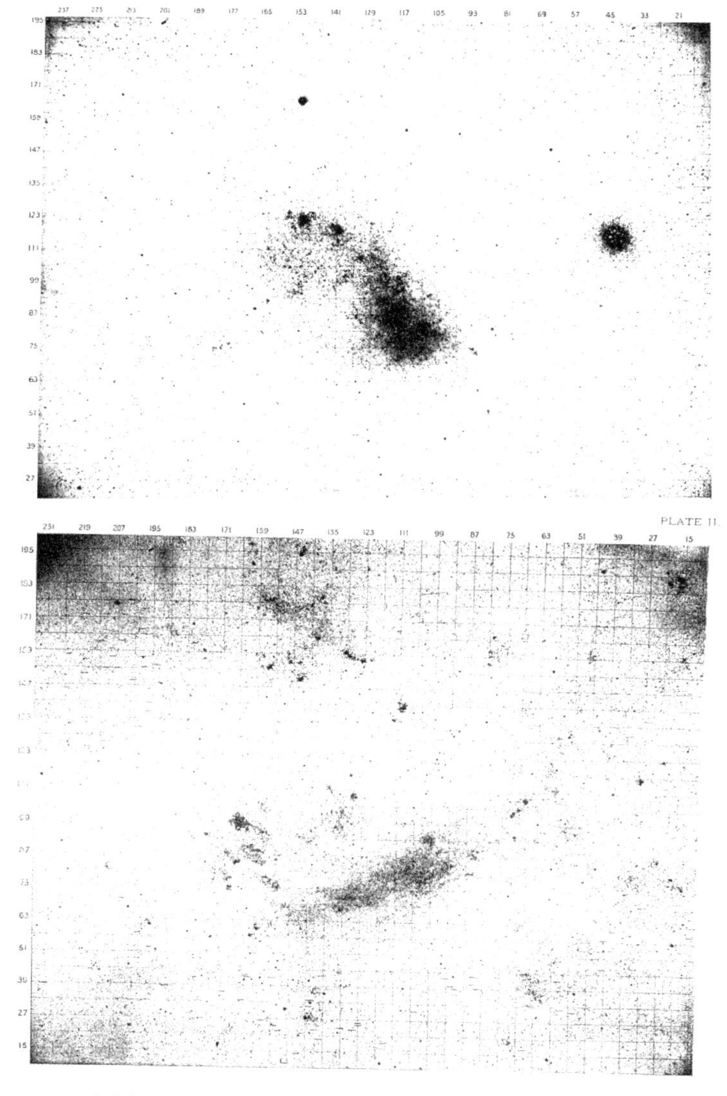

레빗의 논문에 실린 소마젤란운(위)과 대마젤란운(아래)의 유리 건판

우주의 지도를 그릴 수 있게 한 레빗의 법칙

레빗의 변광성 연구 과정을 더 자세히 들여다보자. 레빗은 소마젤란운뿐 아니라 대마젤란운에서도 새로운 변광성을 연이어 발견했어. 오래전 남반구 바다를 처음 항해했던 탐험가 마젤란에게 길잡이가 되어 준 두 마젤란운 속에서 레빗은 총 1,777개에 달하는 변광성을 찾아냈지.

그런데 레빗은 더 놀라운 사실을 발견했어. 그중 스물다섯 개의 변광성이 며칠을 주기로 밝아졌다가 어두워지는지 측정했는데, 놀랍게도 각 별의 변광 주기와 별의 밝기가 깔끔하게 비례하고 있었던 거야. 변광 주기가 길어서 천천히 변하는 별은 더 밝은 반면, 변광 주기가 짧아서 빠르게 변하는 별은 더 어두웠어. 당시 레빗이 분석했던 모든 변광성은 동일한 마젤란운 속에 있는 별이었기에 비슷한 거리에 놓여 있다고 볼 수 있었어. 거리가 멀고 가까워서 생기는 겉보기 밝기의 차이는 무시할 수 있는 수준이었지. 따라서 마젤란운 속에서 더 밝게 보이는 변광성은 실제로 다른 별보다 더 밝다고 볼 수 있는 거야. 1912년 피커링은 〈하버드 대학 천문대 회보〉에 「소마젤란운 속 25개 변광성의 변광 주기」라는 제목의 짧은 논문으로 레빗의 발견을 소개했어.

그렇다면 변광성의 변광 주기와 밝기가 비례한다는 레빗의 발견은 왜 중요한 걸까? 바로 먼 별까지 거리를 정확히 잴 수 있

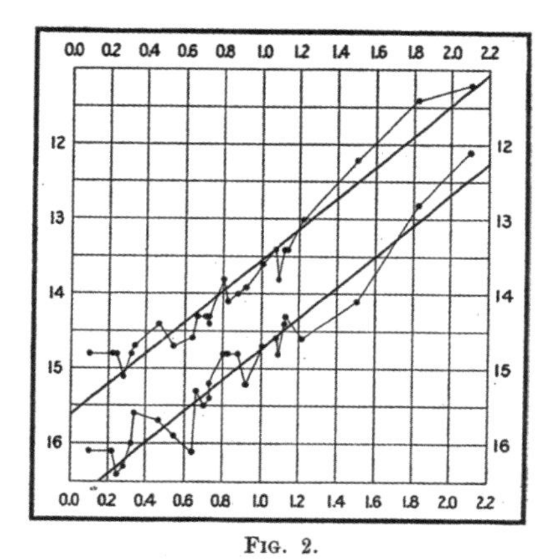

FIG. 2.

변광성의 밝기와 변광 주기가 비례함을 보여 주는 레빗의 그래프

는 새로운 실마리를 품고 있기 때문이야. 얼마나 떨어져 있는지 모르는 어떤 별을 보고 있다고 생각해 봐. 우리가 판단할 수 있는 별의 밝기는 겉보기 밝기일 뿐이야. 즉 그 별이 실제로는 얼마나 밝은지 알지 못해. 실제로도 밝아서 밝게 보이는 건지, 원래는 어두운 별인데 거리가 아주 가까워서 겉보기에 밝게 보이는 건지 구분할 수 없지.

그런데 만약 그 별이 주기적으로 밝기가 변하는 변광성이라면? 밝기가 변화한다는 것 자체는 겉보기 밝기만 봐도 알 수 있어. 굳이 절대 밝기로 비교할 필요가 없지. 그리고 밝기가 변하는 주기 역시 겉보기 밝기의 변화만으로도 파악할 수 있어. 이렇게 관측으로 파악한 변광 주기를 레빗의 법칙에 대입만 하면, 변광 주기에 비례해서 밝아지는 별의 실제 밝기를 알아낼 수 있는 거지! 그러면 하늘에서 보이는 겉보기 밝기와 절대 밝기를 비교해서 별까지의 거리를 쉽게 구할 수 있어. 즉 레빗의 법칙은 거리를 알지 못하는 별의 절대 밝기를 따로 구할 수 있게 해 주는 중요한 단서야. 드디어 인류는 태양계 너머 다른 별까지의 거리를 재면서 우주의 지도를 그릴 수 있게 된 거야.

무시당하던 컴퓨터, 천문학의 역사를 이끌다

레빗의 발견이 있기 전까지 오랫동안 남성 천문학자들은 하버드 천문대의 여성 천문학자들을 그저 연구 보조 정도로 취급했어. 당시 천문학자들은 중요한 발견은 모두 진짜 밤하늘, 실제 우주에 숨어 있다고 믿었거든. 밤새 천문대에 상주하면서 직접 유리 건판에 우주의 빛을 기록하는 과정이야말로 천문학자로서 가장 중요하고 숭고한 작업이라고 생각했어. 반면에 유리 건판에 찍힌 반점의 크기를 재고 노트에 기록하는 일은 허드렛일 정도로 여겼지. 하지만 레빗은 그러한 천문학계의 판도를 완전히 뒤집어 버렸어. 이제 천문학 발견의 현장은 천문대가 아니라 하버드 대학 피커링의 연구실, 컴퓨터들의 책상에서 이루어지기 시작했지. 이러한 분위기의 변화에 천문대에 머무르던 남성 천문학자들은 당황하기 시작했어. 그들은 서서히 빼앗기고 있는 연구의 주도권을 다시 되찾고 싶어 했지.

천문대의 천문학자들은 하버드로 유리 건판을 전달하지 않기 시작했어. 그리고 전문가인 자신들이 직접 유리 건판을 분석해야 한다고 뒤늦게 주장했지. 하지만 윌리어미나 플레밍을 중심으로 한 하버드 천문대의 컴퓨터들은 이런 억지를 순순히 받아 줄 생각이 없었어. 자신들의 끈질긴 노력과 집념으로 직접 얻어 낸 천문학적 발견의 주도권을 지키려고 했지. 결국 피커링은 오랫동안 유리 건판의 분석을 맡아 왔던 컴퓨터들의 손을 들어주었어. 유리 건판은 다시 배를 타고 지구 전역에서 건너오기 시작했지.

레빗의 발견 그리고 레빗과 함께했던 하버드 천문대 컴퓨터들의 역사는 비로소 천문학이 통계학, 데이터과학과 만난 첫 순간이었어. 과학적으로 중요한 발견은 이제 밤하늘에 있지 않아. 진짜 가치 있는 건 사진 자체가 아니거든. 레빗은 우주의 비밀이 바로 과학 데이터, 숫자와 그래프 속에 숨어 있다는 사실을 보여주었어. 더 이상 천문대에서 밤새 사진을 찍는 천문학자들이 천문학을 주도하지 않게 되었지. 오히려 그들은 데이터 수집을 맡은 조수가 되어 버렸어. 실제 그 데이터를 분석하고 숫자들 사이의 법칙을 발견하는 이들이 새로운 시대의 천문학과 우주과학을 주도하는 주류가 된 거야.

안타깝게도 레빗의 연구는 오래가지 못했어. 레빗은 말년에 수술을 받았지만 결국 위암으로 세상을 떠났거든. 1921년 53세의 나이로 말이야. 살아생전 레빗은 총 2,400개가 넘는 변광성을 분석했어. 이건 그때까지 알려져 있던 모든 변광성의 절반 수준이야. 레빗 혼자서 다른 천문학자가 발견한 만큼의 변광성 기록을 남긴 셈이야. 안타깝게도 레빗은 자신의 발견으로 인류가 어떻게 우주의 지도를 넓혀 가는지를 직접 보지는 못했어. 뒤늦게 논문을 접한 많은 천문학자가 레빗의 발견을 통해 새로운 별, 새로운 성단까지의 거리를 재기 시작했지. 그들은 레빗과 서신을 주고받으며 조언을 구하려 했지만, 안타깝게도 레빗의 주소로 보낸 편지에 답장은 받을 수 없었어. 더 이상 그들에게 조언을 해 줄 레빗이 세상에 없었으니까.

레빗이 생을 마무리하기 얼마 전, 레빗의 집으로 인구 통계 조사관이 방문했어. 조사관은 늙은 어머니를 모시고 함께 살고 있는 레빗을 만나 레빗과 가족들의 이름, 나이, 직업을 조사했지. 레빗은 자신의 직업을 묻는 조사관의 질문에 망설임 없이 천문학자라고 대답했대. 레빗은 누가 뭐래도 어엿한 천문학자로 자부심을 가지고 살았던 거야.

DEPARTMENT OF COMMERCE—BUREAU OF THE CENSUS 251 [D1-578]

FOURTEENTH CENSUS OF THE UNITED STATES: 1920—POPULATION

SUPERVISOR'S DISTRICT NO. 140 SHEET NO. 11

ENUMERATION DISTRICT NO. 95

OF COUNTY X NAME OF INCORPORATED PLACE Cambridge City WARD OF CITY 10 (Part) Prec. 2 (Part)

TION X ENUMERATED BY ME ON THE 14th DAY OF January, 1920. James J. Morris ENUMERATOR.

Name	Relation	7	8	Sex	Color	Age	Marital	13	14	15	School	Read	Write	Person: Place of birth	Mother tongue	Father: Place of birth	Mother tongue	Mother: Place of birth	Mother tongue	English	Trade, profession	Industry	28
Abbie B.	Head	O	F	F	W	58	Wd				No	Yes	Yes	Massachusetts		Massachusetts		Massachusetts		Yes	None		
William P.	Son			M	W	23	S				No	Yes	Yes	Massachusetts		Massachusetts		Massachusetts		Yes	Salesman	Bond Co	W
Jennie F	Sister			F	W	53	S				No	Yes	Yes	Massachusetts		Massachusetts		Massachusetts		Yes	None		
Hannah	Servant			F	W	65	S	1885	Al		No	Yes	Yes	Ireland	Irish	Ireland	Irish	Ireland	Irish	Yes	Maid	Private	W
Sumner	Head	O	F	M	W	55	M				No	Yes	Yes	Massachusetts		Massachusetts		Massachusetts		Yes	Dealer	Real Estate	OA
Mrs. Sumner	Wife			F	W	52	M				No	Yes	Yes	Massachusetts		Massachusetts		Massachusetts		Yes	None		
Martin W	Head	O	F	M	W	67	M				No	Yes	Yes	Massachusetts		Maine		Maine		Yes	Retired		
Georgiana E	Wife			F	W	67	M				No	Yes	Yes	Maine		Maine		Maine		Yes	None		
Henry R	Head	R	F	M	W	32	M	1890	Na	1910	No	Yes	Yes	Canada	English	Canada	English	Canada	English	Yes	Clerk	Bank	W
Eleanor	Wife			F	W	28	M				No	Yes	Yes	Massachusetts		Massachusetts		Massachusetts		Yes	None		
Elizabeth	Servant			F	W	35	S	1909	AL		No	Yes	Yes	Ireland	Irish	Ireland	Irish	Ireland	Irish	Yes	Maid	Private Family	W
Bridget	Servant			F	W	28	S	1909	AL		No	Yes	Yes	Ireland	Irish	Ireland	Irish	Ireland	Irish	Yes	Maid	Private Family	W
Mrs. H. E.	Head	R		F	W	68	Wd				No	Yes	Yes	Massachusetts		Massachusetts		Massachusetts		Yes	None		
Harriet M.	Daughter			F	W	42	S				No	Yes	Yes	Massachusetts		Massachusetts		Massachusetts		Yes	Teacher	Grammar	W
Mrs. H. S.	Head	R		F	W	75	Wd				No	Yes	Yes	Massachusetts		Massachusetts		Massachusetts		Yes	None		
Henrietta S.	Daughter			F	W	51	S				No	Yes	Yes	Massachusetts		Massachusetts		Massachusetts		Yes	Astronomer	College	W
George A.	Head	R		M	W	57	M				No	Yes	Yes	Massachusetts		Maine		Maine		Yes	Teacher	College	W
Mary L.	Wife			F	W	55	M				No	Yes	Yes	Massachusetts		Massachusetts		Massachusetts		Yes	None		
Harriet W.	Daughter			F	W	17	S				Yes	Yes	Yes	Massachusetts		Massachusetts		Massachusetts		Yes	None		
Mason H.	Head	R		M	W	41	M				No	Yes	Yes	Massachusetts		Scotland	Scotch	Massachusetts		Yes	Manufacturer	[illegible] Co	W
Mary E	Wife			F	W	38	M				No	Yes	Yes	Massachusetts		New York		Maine		Yes	None		
Thomas F.	Head	R		M	W	68	M				No	Yes	Yes	Massachusetts		Massachusetts		Maine		Yes	President	[illegible] Co	Em
Susan	Wife			F	W	62	M				No	Yes	Yes	Massachusetts		Massachusetts		Massachusetts		Yes	None		
Anna	Servant			F	W	22	S				No	Yes	Yes	Massachusetts		Massachusetts		Massachusetts		Yes	Maid	Private Family	W
William	Head	R		M	W	48	M				No	Yes	Yes	Massachusetts		Massachusetts		Massachusetts		Yes	Janitor	Building	W
Gertrude	Wife			F	W	47	M				No	Yes	Yes	Massachusetts		Massachusetts		Massachusetts		Yes	None		
[illegible]	Head	R		F	W	40	S				No	Yes	Yes	Massachusetts		Massachusetts		Massachusetts		Yes	Teaching	Grammar School	W
[illegible]	Sister			F	W	31	S				No	Yes	Yes	Massachusetts		Massachusetts		Massachusetts		Yes	Assistant Editor	Magazine	W
Grace W	Head	R		F	W	49	S				No	Yes	Yes	Massachusetts		Massachusetts		Connecticut		Yes	Teacher	Grammar School	W
[illegible] H. F.	Aunt			F	W	72	Wd				No	Yes	Yes	Massachusetts		Connecticut		Connecticut		Yes	None		
Alice B.	Head	R		F	W	35	S				No	Yes	Yes	Massachusetts		Massachusetts		Massachusetts		Yes	Supervisor	Kindergarten	W
Margaret	Roomer			F	W	34	S				No	Yes	Yes	Massachusetts		Massachusetts		Massachusetts		Yes	None		
Chester R.	Head	R		M	W	35	S				No	Yes	Yes	Massachusetts		Massachusetts		Massachusetts		Yes	Auditor	Telephone Co	W
Dorothy B.	Sister			F	W	23	S				No	Yes	Yes	Massachusetts		Massachusetts		Massachusetts		Yes	None		
[illegible]	Roomer			F	W	32	S				No	Yes	Yes	Massachusetts		Massachusetts		Massachusetts		Yes	Teacher	High School	W
Hannah F.	Head	R		F	W	64	Wd				No	Yes	Yes	New Hampshire		New Hampshire		Canada	English	Yes	None		
Sarah	Daughter			F	W	39	S				No	Yes	Yes	Massachusetts		Massachusetts		New Hampshire		Yes	Teacher	High School	W
Thomas J.	Head	R		M	W	39	M				No	Yes	Yes	Massachusetts		Massachusetts		Massachusetts		Yes	Managers	Wool Co	W

1920년대 초, 미국의 인구 통계 설문 조사지에

'천문학자(astronomer)'라고 기입된 레빗의 직업

제임스 웹 우주 망원경이 검증한 레빗의 법칙

천문학자들은 여전히 레빗이 연구했던 세페이드 변광성을 활용해서 먼 은하까지 거리를 측정하고 있어. 세페이드 변광성이란 변광 주기와 절대 밝기가 정확하게 비례하는 변광성을 말해. 이렇게 규칙적으로 밝기가 변하는 별이 세페우스자리에서 처음 발견되었기 때문에, 이후 이런 별들을 모두 세페이드 변광성이라고 불러. 하지만 거리가 너무 멀어지면 세페이드 변광성마저도 희미해져. 그럴 때는 더 밝은 별을 활용해. 바로 무거운 별이 폭발할 때 관측되는 초신성이야. 그런데 문제가 있어. 우리 은하 안에서 빈번하게 발견되는 세페이드 변광성과 달리 초신성은 포착하기 쉽지가 않아. 먼 은하에서도 초신성은 간간이 목격될 뿐이지. 워낙 거리가 멀다 보니 초신성이 얼마나 밝은지 파악하는 것도 어려워. 그래서 초신성 하나만을 잣대로 거리를 재는 건 위험해.

그 위험성을 줄이려고 천문학자들이 애용하는 특별한 은하들이 있어. 바로 세페이드 변광성과 초신성을 둘 다 품고 있는 은하들이지. 이런 은하라면 우선 훨씬 익숙한 세페이드 변광성을 갖고 은하까지의 거리를 비교적 정확하게 구할 수 있어. 그다음 그 거리를 다시 반영해서 초신성의 실제 밝기를 구할 수 있지. 훨씬 더 간편하고 정확한 방법을 바탕으로, 비교적 오차가 크고 불확실한 방법을 조율하는 셈이야. 이런 조율이 이뤄진다면 나중에는 초신성 폭발만 겨우 관측되는 아주 먼 은하에 대해서도 훨씬 정확하게 거리를 유추할 수 있을 거야.

하지만 바꿔 말하면, 먼 우주까지의 거리를 재는 방법의 정확도는 훨씬 가까운 우주까지의 거리를 재는 방법이 얼마나 정확한지에 따라 달라질 수 있어. 만약 세페이드 변광성을 활용한 방법 자체가 어긋나 있다면 그다음 단계인 초신성을 활용한 방법도 어긋날 수밖에 없지. 최근 천문학자들은 그 위험성을 재점검하려고 허블 우주 망원경으로 이미 오랫동안 관측해 왔던 세페이드 변광성을 제임스 웹 우주 망원경으로 다시 관측했어.

과연 제임스 웹으로 새롭게 관측한 세페이드 변광성의 주기와 밝기 관계는 어땠을까? 다행히도 더 오래된 우주 망원경인 허블의 데이터와 정확히 같았어! 그동안 파악하고 있던 세페이드 변광성의 주기와 밝기 관계에 이상이 없다는 사실을 검증할 수 있었지. 천문학자들은 앞으로도 세페이드 변광성에 대한 레빗의 발견을 활용해서 더 머나먼 우주까지의 지도를 그려 나가려고 해.

한때는_뼛속_깊이

문과생

우주처럼 끝없는 열정으로
아무도 보지 못한 것을 찾아내는

ESFP

3

우주는 거대하고 끊임없이 팽창한다

에드윈 허블

1889 ~ 1953

미국의 천문학자

우주는 얼마나 거대할까? 그 끝은 어디인 걸까? 상상할 수 있는 가장 큰 것을 떠올려 봐도 우주는 그것보다 크다는 것을 우린 알고 있어. 그런데 불과 100년 전까지만 해도 사람들은 우주가 그다지 거대하지 않다고 생각했어. 고작 수십만 광년 크기의 우리 은하가 우주의 전부라고 생각했지. 하지만 이젠 그렇지 않아. 우리 은하 말고도 수많은 은하가 우주를 가득 채우고 있다는 걸 잘 알고 있지. 가장 가까운 이웃 은하인 안드로메다은하까지만 해도 250만 광년 떨어져 있잖아. 우주가 얼마나 거대한지 실감이 가려나? 그런데 더 놀라운 사실은 이 거대한 우주가 지금도 빠르게 커지고 있다는 거야. 대체 우주는 어디까지 커질 생각인 걸까?

우리 은하 바깥에 더 거대한 우주가 숨어 있었다는 사실부터, 그 거대한 우주가 쉬지 않고 점점 더 빠르게 팽창하고 있다는 사실까지. 우주의 탄생과 크기에 관한 놀라운 이야기는 천문학자 에드윈 허블의 업적과 떼 놓을 수 없어. 우주의 탄생을 설명하는 오늘날의 빅뱅 이론도 바로 허블의 발견에서 출발했거든. 우리는 지금도 허블이 만든 천문학의 시대를 살고 있다고 이야기할 수 있지. 그는 어떻게 이런 놀라운 우주의 비밀을 밝혀냈을까?

어린 시절의 꿈을 잃지 않은 덩치 큰 소년

허블은 정말 신기한 인물이야. 20대 중반까지 그의 삶을 따라가 보면 그가 과학의 역사를 뒤집는 위대한 천문학자가 될 거라고는 생각하기 어려워. 성인이 될 때까지 천문학은커녕 과학과는 거리가 먼 삶을 살았거든. 허블은 1889년 미국 미주리의 한 부유한 집안에서 태어났어. 할아버지와 아버지 모두 보험 회사의 중역이었지. 허블의 아버지는 아들이 법조인이 되길 바랐어.

하지만 허블의 진짜 관심사는 따로 있었어. 바로 별을 보는 거였지. 어느 날 허블은 생일 선물로 할아버지에게 망원경을 받았어. 허블은 기뻐하며 매일 그 작은 망원경으로 하늘을 봤지. 그 순간들이 너무나 행복했기에 허블은 언젠가 밤하늘을 보며 우주를 연구하는 사람이 되고 싶다는 작은 꿈을 품었대. 하지만 엄격했던 아버지 때문에 그 꿈을 바로 펼칠 수는 없었어. 고등학교를 졸업하고 허블은 시카고 대학교 로스쿨에 입학했어. 대학을 졸업한 이후에도 영국 옥스퍼드로 유학을 가서 법학을 전공했지. 옥스퍼드에서 수학과 물리학 수업을 조금 듣기는 했지만, 주전공은 법학, 문학 그리고 스페인어였어. 완전 문과생이었지.

허블은 어렸을 때부터 체격이 상당히 좋았다고 해. 또래에 비해 덩치도 크고 키도 190센티미터 정도로 커서 스포츠를 아주 좋아했지. 대학교 때는 농구팀 주장으로 뛰었고, 잠깐 복싱 선수로 활동하기도 했어. 이런 운동 습관은 나중에 천문학자가 되어서도 계속 이어졌어. 연구실 한쪽 구석에 샤워실을 만들 정도였지. 연구하다가 중간중간 운동을 하고 돌아왔을 때 샤워를 하고 바로 연구를 하려고 말이야.

문과생, 스포츠맨으로만 살던 허블에게 큰 변화가 찾아온 건 1913년 겨울이었어. 영국에 머물고 있던 허블에게 고향에서 편지가 날아왔지. 아버지가 세상을 떠났다는 소식이었어. 그 길로 허블은 아버지의 강요 때문에 다녔던 법학 대학을 그만뒀어. 그리고 드디어 자신이 원래 품고 있었던 천문학자의 꿈에 다시 도전하게 되었어. 다른 사람들보다 한참 늦은 시작이었지.

고향으로 돌아온 허블은 시카고 대학교에서 운영하고 있던 여키스 천문대에서 인턴 연구원으로 일을 시작했어. 허블은 망원경으로 하늘을 관측하는 데 소질이 있었다고 해. 그곳에서 천문학자 조지 헤일의 눈에 띄면서 본격적인 천문학 박사 과정을 시작하게 되었지. 그러다 1914년에 1차 세계 대전이 일어나자 허블은 자원 입대를 결심해. 1917년에 서둘러 박사 학위를 마치고 입대한 허블은 군에서 장교로 머무르며 포탄을 날렸을 때 어떤 궤적으로 날아갈지 탄도를 계산하는 일을 맡았다고 해.

전쟁이 끝나고 다시 천문대로 돌아온 허블에게 헤일은 한 가지 흥미로운 제안을 했어. 당시 미국 캘리포니아에 새롭게 지어지고 있던 윌슨산 천문대에서 일을 해 보라는 제안이었지. 훗날 윌슨산 꼭대기에는 미국의 재벌 존 후커가 거금을 기부하면서 지름 100인치(2.54미터)짜리의 거대한 후커 망원경이 세워져. 당시 세계에서 가장 큰 크기의 망원경으로, 건설에만 10년이 걸렸지. 바로 이 망원경의 건설을 이끌었던 천문학자가 허블의 박사 학위를 지도했던 천문학자 헤일이었어. 그렇게 우연한 기회로 허블은 세계에서 제일 큰 망원경으로 하늘을 보게 된 거야.

천문학의 '대논쟁'을 끝내다

허블이 갓 윌슨산 천문대에 들어가 연구를 하고 있던 무렵, 20세기 천문학계에서는 아주 중요한 논쟁이 있었어. 바로 우리 우주의 크기에 관한 논쟁이었지. 천문학자들은 밤하늘에서 뿌옇게 소용돌이치는 이상한 천체들의 정체를 두고 고민했어. 일반

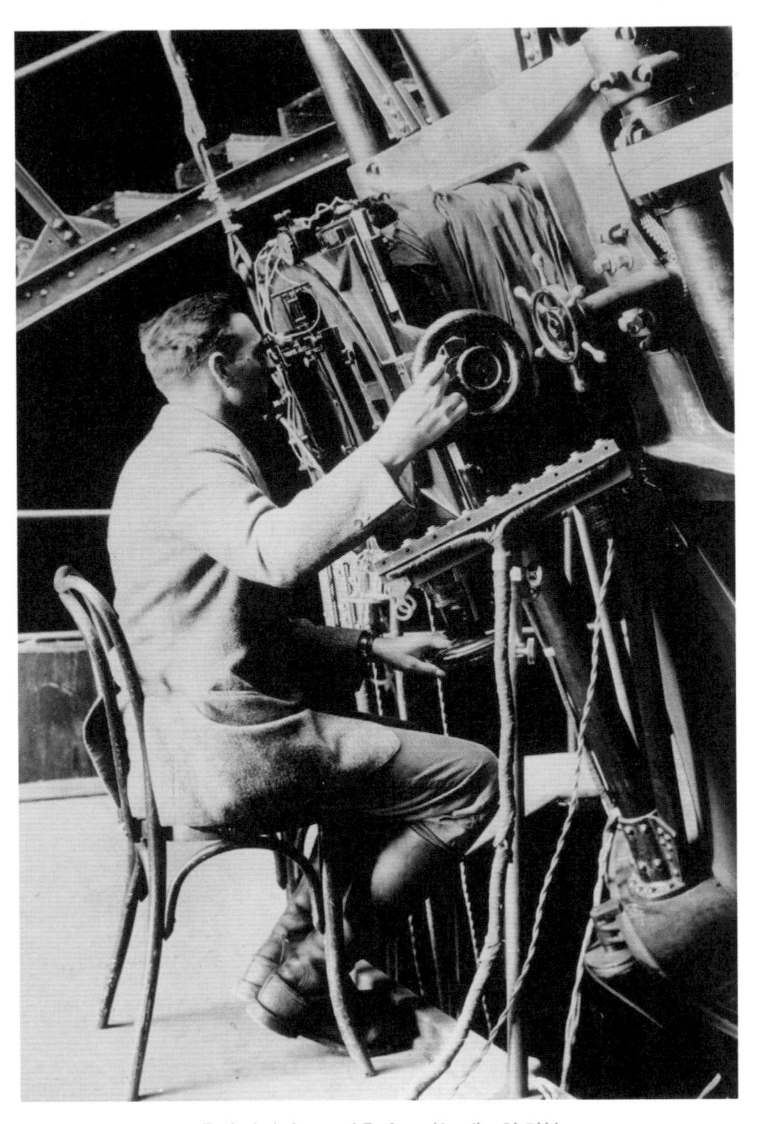

후커 망원경으로 관측하고 있는 에드윈 허블

적인 별은 망원경으로 봐도 작은 점으로만 보이거든. 그런데 이 천체들은 그렇지 않았어. 마치 행성처럼 독특한 모양을 갖고 있었지. 그렇다고 태양계 행성이라고 볼 수도 없었어. 하늘에 고정되어 있는 것처럼 거의 움직이지 않았으니까. 확실히 태양계 행성들보단 훨씬 먼 거리에 있는 천체 같았고 말이야. 하지만 당시까지만 해도 사람들은 우리 은하가 우주의 전부라고 생각했어. 우리 은하 바깥에 또 다른 은하들이 있을 거란 생각은 미처 하지 못했지. 그래서 안드로메다 같은 뿌연 천체는 거대한 우리 은하에 포함된 작은 가스 구름 중 하나에 불과할 거라고 추측했어. 이런 주장을 했던 천문학자 중에 대표적인 인물이 바로 세실리아 페인의 박사 학위 논문을 지도했던 할로 섀플리야.

하지만 생각이 다른 천문학자들도 있었어. 히버 커티스를 비롯한 일부 천문학자들은 우리 은하가 우주의 전부일 필요가 없다고 생각했지. 그리고 그 미지의 천체들은 우리 은하로부터 아주 멀리 떨어진 별개의 은하들이 작고 뿌옇게 보이는 것일 수 있다고 생각했어. 이 주장을 '섬 우주 가설'이라고 불러. 우주가 거대한 바다라면 은하들은 그 바다에 떠 있는 작은 섬들이라는 생각이지. 우리 은하도 그 수많은 섬 중 하나라는 거야.

우주의 진짜 크기를 두고 벌어진 이 논쟁은 굉장히 뜨거웠어. 1920년 4월 26일, 전 세계 천문학자들이 한자리에 모여서 섀플리와 커티스의 발표를 듣는 토론회가 열리기도 했지. 미국 스미소니언 자연사 박물관에 천문학자들이 모여서 치열한 토론을 벌였던 이 순간을 천문학 역사의 '대논쟁'이라고 해. 하지만 토론이 끝나고 나서도 명확한 결론은 나지 않았어. 안드로메다까지 거리를 재서 그 거리가 우리 은하의 지름보다 더 큰지 작은지만 비교하면 논쟁을 끝낼 수 있었지만, 당시까지만 해도 그 머나먼 거리를 정확히 재는 건 어려운 일이었거든.

그런데 1923년 10월, 여느 때처럼 후커 망원경으로 맑은 가을 밤하늘을 관측하고 있던 허블은 안드로메다 중심부에서 놀라운 별을 하나 발견했어. 전날 밤까지만 해도 보이지 않던 새로운 별이 갑자기 밝게 나타났지. 처음에 허블은 그것을 별이 폭발하면서 잠깐 빛을 뿜었다가 사라지는 신성이라고 생각했어. 유리 건판에서 발견한 그 별의 위치에 신성을 뜻하는 약자 N을 써넣었지. 그리고 그 신성의 밝기가 어떻게 변화하는지를 쭉 관측했어.

지식 더하기

신성
폭발적으로 빛을 분출하면서 갑자기 밝아졌다가 소멸하는 항성.

신성은 한 번 터지고 나면 사라지는 현상이라, 처음에만 밝고 쭉 어두워져야 해. 허블이 발견했던 천체도 처음에는 그렇게 보였어. 그런데 며칠이 지나자 어두워지던 별이 다시 또 밝아졌어. 그리고 다시 어두워졌다가 또 밝아졌지. 아주 일정한 주기로 말이야. 무언가 익숙하지 않아? 맞아, 일정한 주기로 밝기가 요동치는 별! 헨리에타 스완 레빗이 연구한 변광성이었던 거야. 앞에서 다루었듯이 변광성은 아주 중요해. 변광 주기만으로 별의 절대 밝기를 알 수 있고, 하늘에서 보이는 겉보기 밝기와 비교하면 그 별이 얼마나 멀리 있는지 알 수 있거든. 허블이 안드로메다에서 발견한 변광성은, 아무도 재지 못했던 안드로메다까지의 정확한 거리를 잴 수 있게 해 주는 첫 단추였어. 너무 흥분한 나머지 허블은 유리 건판에 써 놓았던 N에 크게 엑스 표시를 했어. 그리고 변광성을 뜻하는 'VAR'과 흥분을 가득 담은 힘찬 느낌표를 새로 메모했지.

허블은 그 변광성을 활용해서 안드로메다까지의 거리를 잴 수 있었어. 당시 허블이 추정한 거리는 100만 광년 정도야. 오늘날 더 정확하게 계산한 250만 광년에 비하면 절반밖에 안 되는 값이지만 이 정도로도 안드로메다가 우리 은하 바깥에 있는 별개의 은하라는 걸 입증하기에는 충분했어. 허블은 자신의 놀라운 발견을 편지에 담아 천문학자 섀플리에게도 보냈어. 섀플리는 우리 은하가 우주의 전부라고 주장했던 천문학자였잖아. 그

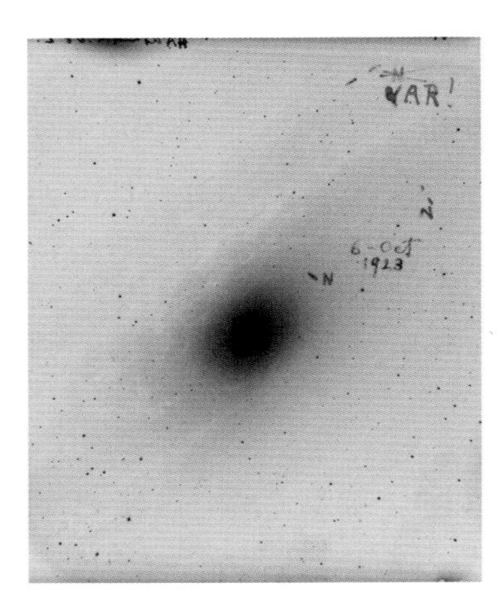

허블이 안드로메다은하에서 변광성을 발견하고 유리 건판에 남긴 메모

런데 허블이 보낸 편지를 읽자마자 이렇게 말했다고 해.

"이 편지는 나의 우주를 파괴했다."

재미있게도 이때 섀플리의 바로 옆에 세실리아 페인이 있었대.

우주 공간은 계속 팽창한다

허블의 발견은 여기서 끝나지 않아. 안드로메다를 비롯한 수많은 은하가 우리 은하 밖에 숨어 있었다는 사실을 발견한 허블은 이후 새로운 관측을 시작했어. 외부 은하들은 우주 공간에 가만히 있지 않아. 모두 빠른 속도로 움직이고 있어. 어떤 은하는 우리를 향해 다가오기도 하고, 또 어떤 은하들은 빠르게 우리에게서 멀어지기도 해. 그런데 먼 은하들이 어떤 방향으로 얼마나 빠르게 움직이는지 어떻게 알 수 있을까?

길에 서 있을 때 구급차가 사이렌을 울리면서 지나간 적이 있을 거야. 그때를 떠올려 봐. 만약 구급차가 가만히 멈춰 있다면 우리는 일정한 파장의 '삐뽀삐뽀' 소리를 듣게 돼. 하지만 구급차가 우리 쪽으로 다가오면서 소리를 내보내면 구급차가 가까워지면서 다음 파장을 내보내게 돼. 우리가 듣기에는 소리의 파장이 짧아지지. 그러면 '삐뽀삐뽀' 소리는 점점 높아져. 반대로 구급차가 멀어지면서 소리를 내보내면 소리의 파장이 길어지면서 '삐뽀삐뽀' 소리는 점점 낮아져.

소리처럼 파동의 형태로 전파되는 빛도 마찬가지야. 만약 어떤 별이 가만히 있다면 우리는 계속 일정한 파장의 빛을 보겠지. 반대로 별이 우리를 향해 다가오거나 멀어지면 원래보다 더 파장이 짧거나 길어진 모습으로 관측돼. 이러한 현상을 '도플러 효과'라고 불러. 광원이나 음원이 어떤 방향으로 얼마나 빠르게 움직이는지에 따라서 관측되는 파장이 달라지는 현상이지. 그중에서 우리에게서 멀어지는 쪽으로 이동하면서 파장이 길어지는 현상을 '적색 편이'라고 해. 적색 편이를 관측하면 별 또는 은하가 우리에게서 얼마나 빠르게 멀어지고 있는지 그 후퇴 속도를 잴 수 있지.

허블은 동료인 밀턴 휴메이슨과 함께 다양한 은하의 거리와 후퇴 속도를 관측했어. 그리고 이 둘 사이에서 놀라운 관계를 발견했지. 먼 거리에 놓인 은하일수록 더 빠르게 멀어지고 있었어. 은하의 거리와 후퇴 속도가 아주 깔끔하게 비례했지! 우리 주변의 은하는 대부분 우리를 중심으로 빠르게 멀어지는 것처럼 보였어. 그 속도는 거리에 비례해서 빨랐고 말이야. 대체 이건 무엇을 의미하는 걸까? 바로 은하들이 박혀 있는 우주 시공간 자체가 사방으로 균일하게 팽창하고 있다는 뜻이야. 이 놀라운 사실을 허블과 휴메이슨은 관측으로 발견한 거지!

당시까지만 해도 대다수의 물리학자, 천문학자는 우주가 정

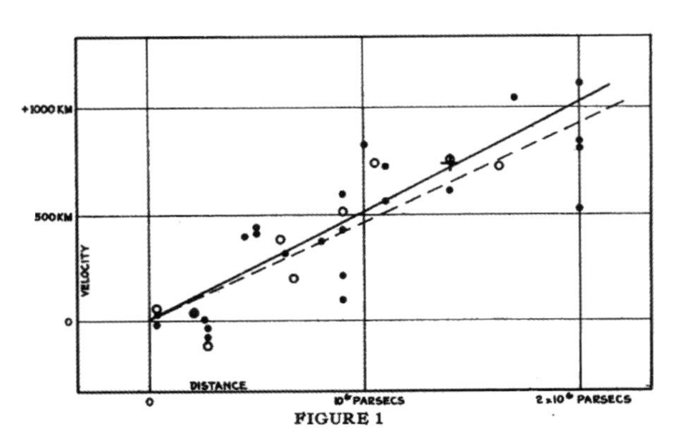

은하의 거리와 후퇴 속도가 비례함을 나타내는 허블의 그래프

적인 세계라고 생각했어. 대표적으로 아인슈타인도 우주는 수축도 팽창도 하지 않을 거라고 봤지. 허블이 우주의 팽창을 관측으로 입증하기 몇 년 전, 벨기에 출신의 물리학자 조르주 르메트르가 아인슈타인의 중력 방정식을 활용해서 우주가 팽창하는 것이 더 자연스러울 수 있다는 주장을 내놓은 적이 있어. 하지만 르메트르의 주장에 대해 아인슈타인은 '수학은 잘하지만 물리학적 감각은 엉망'이라는 가혹한 평을 남길 정도였지. 그런데 그렇게 꼿꼿했던 아인슈타인의 생각까지 바꿀 정도로 허블의 발견은 강력했어. 분명하게 하늘 위에서 은하들은 우리를 두고 빠르게 멀어지고 있었거든. 관측되는 사실을 부정할 수는 없었을 거야.

우주가 계속해서 팽창한다면 과거의 우주는 어땠을까? 시간을 거꾸로 거슬러 올라간다면 우주는 덜 팽창했고, 지금보다 더 작은 상태였을 거야. 과거로 갈수록 우주는 더 수축된 상태일 거고. 그렇다면 언젠가 우주의 모든 물질과 에너지가 한데 모여서 더 이상 수축시킬 수 없는 시점도 있었겠지. 천문학자들은 바로 이때가 우주가 탄생한 최초의 순간, '빅뱅'이라는 생각을 하게 되었어. 허블이 발견한 은하들의 후퇴 현상 그리고 우주 시공간의 균일한 팽창은 바로 오늘날 우주의 탄생을 이야기하는 빅뱅 이론의 첫 단추가 되었던 거야. 오늘날 우리가 알고 있는 우주의 기틀을 허블이 만들었다고 해도 과언이 아니지. 현재 천문학자들은 우주의 팽창을 보여 주는 은하들의 거리와 후퇴 속도 사이의 법칙을 허블-르메트르 법칙이라고 불러.

묘비 대신 우주 망원경에 이름을 남긴 천문학자

허블은 천문학자답게 생을 마무리했어. 그는 자신이 죽으면 다시 우주의 먼지가 되어 돌아간다고 생각했어. 그래서 아내에게 자신의 유해를 아무 곳에나 뿌려 달라고 부탁했지. 아내는 허블의 유언대로 장례식도 치르지 않고 무덤도 따로 만들지 않았어. 허블과 아내 사이에는 자식도 없었거든. 허블의 동료들은 무덤의 위치를 알려 달라고 했어. 하지만 허블의 아내는 끝까지 무덤이 어디에 있는지, 아니 무덤이 정말 있기는 한 건지도 알려 주지 않았어. 우주의 진짜 크기를 밝혀내고 빅뱅 이론의 시작을 만들었던 위대한 천문학자 허블의 무덤은 지금도 그 위치가 미스터리로 남아 있지.

비록 허블의 무덤은 찾아갈 수 없지만 우리의 머리 위에는 허블을 기릴 수 있는 우주 묘비가 떠 있어. 그의 이름을 붙인 인류 최초의 우주 망원경, '허블 우주 망원경'이야. 1990년 우주 왕복선 디스커버리호에 실린 채 허블 우주 망원경은 지구 저궤도에 올라갔어. 그리고 지구 대기권의 방해를 받지 않으면서 더욱 선명한 눈으로 우주를 바라보는 우주 망원경 시대를 새롭게 열

허블 우주 망원경을 싣고 우주로 발사되고 있는 디스커버리호

우주에 다녀온 허블의 농구공

었지. 원래 10년만 쓰고 폐기할 예정이었지만 너무나 놀라운 발견을 연이어 해 준 덕분에 천문학자들은 지금까지 30년이 넘도록 허블 우주 망원경으로 계속 우주를 관측하고 있어. 96분에 한 번씩 지구 주변 궤도를 빠르게 돌고 있는 허블 우주 망원경은 가끔 우리의 머리 위를 지나가곤 해. 오늘도 지구 위를 지나고 있을 허블 우주 망원경을 생각하면서 우주의 먼지가 되어 사라진 허블을 추억해 보는 건 어떨까?

마지막으로 허블 우주 망원경과 관련해 재미있는 이야기를 하나 들려줄게. 2009년에 허블 우주 망원경을 수리하려고 우주인들이 우주 왕복선을 타고 올라갔어. 당시 우주인 중에는 허블이 다녔던 시카고 대학교 출신의 존 그런스펠드가 있었거든. 그는 허블을 기념하려고 허블이 젊었을 때 직접 들고 뛰었던 농구공을 갖고 우주에 다녀왔다고 해. 허블의 농구공은 인간 허블의 손에도, 그리고 우주 망원경 허블에게도 안기게 된 셈이지. 우주에 다녀온 허블의 농구공은 시카고 대학교에서 보관하고 있어. 기회가 된다면 한번 구경해 보길 바라!

우주 팽창의 미스터리, 허블 텐션

우주는 빠르게 팽창하고 있다고 했지? 우주의 팽창은 크게 두 가지 방법으로 확인할 수 있어. 첫째, 에드윈 허블이 관측했듯이 사방으로 빠르게 멀어지는 은하들의 움직임을 통해서야. 다양한 거리만큼 떨어져 있는 은하들이 각각 얼마나 빠른 속도로 멀어지고 있는지를 측정하면 우주의 팽창률도 구할 수 있어. 둘째, 우주 전역에 퍼져 있는 빅뱅의 잔열인 우주 배경 복사를 측정해서야. 빅뱅 직후 아주 높은 온도에 머물러 있던 우주는 계속 팽창하면서 지금은 훨씬 낮은 온도로 식어 버렸지. 우주 배경 복사가 어느 온도까지 식어 있는지 측정하면 우주가 얼마나 오랫동안 빠른 비율로 팽창해 왔는지를 알 수 있어.

1990년 허블 우주 망원경이 우주로 올라갔어. 허블 우주 망원경의 가장 중요한 임무 중 하나가 멀리 떨어진 은하까지의 거리를 정밀하게 측정해서 우주 팽창률의 오차를 최소한으로 줄이는 것이었어. 관측을 통해 허블 우주 망원경은 우주 팽창률이 메가파섹당 초속 73킬로미터라는 값을 얻었지. 오차율은 2퍼센트 내외로 무척 작았어. 참고로 '파섹'은 천문학에서 사용하는 거리의 단위로, 연주 시차가 각거리로 1초인 거리를 말해. 10^6파섹이 1메가파섹이지.

한편 2009년에 발사된 플랑크 우주 망원경은 우주 배경 복사를 관측하는 방법으로 우주의 팽창률을 구하고자 했어. 그 오차율은 무려 10만 분의 1이었지. 그런데 당황스럽게도, 플랑크 우주 망원경으로 추정한 우주의 팽창률은 앞서 허블 우주 망원경으로 유추한 결과와 많이 달랐어. 메가파섹당 초속 67킬로미터가 나온 거야!

천문학자들은 이 난감한 사태를 '허블 텐션'이라고 불러. 관측 방법만 달랐을 뿐인데 대체 왜 똑같은 우주를 보면서 전혀 다른 두 가지의 팽창률이 나온 걸까? 처음에 천문학자들은 단순히 각 방법의 측정 오차가 커서 생기는 문제라고 생각했어. 각 방법이 더 정교해지고 오차가 줄어든다면 결국 둘이 같은 값으로 모이게 되리라고 말이야. 하지만 실제로 벌어진 일은 정반대야.

그동안 은하들의 후퇴 현상을 활용한 방법과 우주 배경 복사를 활용한 방법 모두 더욱 정밀해졌어. 각 방법으로 추정되는 우주 팽창률의 오차도 크게 줄었지. 하지만 두 방법으로 구한 우주 팽창률의 차이는 여전히 해결되지 않고 있어. 아니, 오히려 각 방법이 정밀해질수록 두 값이 가까워지기는커녕 더 깔끔하게 벌어지고 있어. 마치 은하들의 후퇴 현상으로 보는 우주와 우주 배경 복사로 바라보는 우주가 서로 다른 우주인 것처럼 말이야. 똑같은 우주를 보면서 서로 다른 팽창률을 구하게 되는 이 허블 텐션의 난제는 아직까지도 빅뱅 이론의 수수께끼로 남아 있어.

뛰어난_과학자이자

열정적인_편집자

내면의 우주 속에서
새로운 발상의 전환을 이끄는

INFJ

별의 최후를 상상해 내다

수브라마니안 찬드라세카르

1910 ~ 1995

미국의 천체물리학자, 천문학자

밤하늘의 별은 영원히 빛날까? 그렇지 않아. 아주 오랜 세월이 걸리기는 하지만 별에게도 예외 없이 마지막 순간이 찾아오거든. 별 내부에서 더 이상 에너지를 만들 수 없을 정도로 연료가 고갈되면 별도 빛을 잃으면서 삶을 끝내게 돼. 결국 거대한 폭발과 함께 사라지지.

호랑이는 죽어서 가죽을 남기고 사람은 죽어서 이름을 남긴다고 하잖아. 그렇다면 별은 죽어서 어떤 것을 남길까? 밤하늘의 별이 어떻게 최후를 맞이하는지, 폭발한 후 무엇을 남기는지 궁금하지 않아? 그 비밀은 천문학자 수브라마니안 찬드라세카르가 밝혀냈어. 이 놀라운 업적으로 그는 노벨 물리학상을 탔지. 물론 그 과정이 마냥 순탄했던 것은 아니야. 그의 파란만장했던 이야기를 따라가 보자.

사랑하는 어머니를 떠나 영국으로

찬드라세카르는 1910년 인도의 한 브라만 가정에서 태어났어. 브라만은 힌두교를 믿는 인도 사회에서 가장 높은 신분이야. 찬드라세카르 위로는 누나가 두 명, 아래로는 남동생 세 명과 여동생 네 명이 있었어. 정말 대가족이었지. 어릴 때부터 찬드라세카르의 부모님은 자식들의 교육에 관심이 많았어. 어머니는 직접 타밀어(스리랑카 공용어 중 하나)와 영어를 가르쳤고, 아버지는 매일 출근 전 아침과 귀가 후 저녁에 수학을 가르쳤어. 찬드라세카르는 어릴 때부터 수학과 과학에 큰 두각을 보였다고 해. 학기가 시작되기도 전인 방학 동안 혼자서 학교 교과서를 읽고 한 학기 동안 배울 내용을 다 끝낼 정도였어.

1925년 찬드라세카르는 인도 첸나이의 프레지던시 대학에서 물리학과 수학을 본격적으로 배우기 시작했어. 그는 인도 출신의 수학자 스리니바사 라마누잔을 동경했어. 라마누잔은 젊은 시절 영국으로 건너가서 케임브리지 대학교의 유명한 수학자들 사이에서도 명성을 떨쳤던 인도의 수학자야. 하지만 안타깝게도 짧은 생을 살고 세상을 떠나 버렸지. 찬드라세카르는 라마누잔처럼 영국에 가서 인도를 빛내는 위대한 수학자가 되고 싶었어. 그러나 아버지는 수학으로 학위를 받는 것을 탐탁지 않아 했어. 아들이 인도의 공무원 시험에 응시하기를 바랐거든. 그런데 어머니가 찬드라세카르의 든든한 지원군이 되어 주었어. 가장 좋아하는 일을 하는 것이 가장 옳은 선택이라며 찬드라세카르의 선택을 지지했지. 찬드라세카르는 물리학 학위를 받고 대학을 졸업할 수 있었어.

찬드라세카르는 졸업 시험에서 아주 높은 점수를 받았어. 그의 재능을 알아본 물리학과 교수들은 찬드라세카르에게 국가 장학금을 받아 영국에 유학을 갈 기회를 제안했어. 하지만 아버지는 고국인 인도를 버리고 영국에 가는 것을 환영하지 않았어. 당시 어머니의 건강이 심각하게 안 좋아지면서 찬드라세카르도 고민에 빠졌지. 그런데 어머니는 아들이 자신이 아니라 세상을 위해서 존재한다며 찬드라세카르가 영국에 가도록 격려했어. 그렇게 찬드라세카르는 가족을 뒤로한 채 1930년 7월에 뭄바이를 떠났어. 배를 타고 베네치아를 거쳐 런던에 도착하는 기나긴 여정에 올랐지.

배 안에서 홀로 상상해 낸 별의 최후

놀랍게도 이때 영국으로 가는 배 안에서 찬드라세카르는 자기 평생 최고의 업적이 될 발견을 완성해 내. 배를 탄 찬드라세카르는 태양보다 더 무거운 별이 어떤 최후를 맞이할지 수학적인 고민을 하고 있었어. 그리고 당시에 새롭게 떠오르고 있던

양자 역학의 효과를 고려한다면 그 모습을 정확하게 묘사할 수 있다는 걸 깨달았지.

지식 더하기 

양자 역학

원자와 분자 등 아주 작은 대상을 설명하는 물리학 이론. 일상적인 현상을 설명하는 고전 역학은 세상을 결정론적으로 바라보지만, 양자 역학은 확률론적인 입장을 취한다.

찬드라세카르가 상상했던 별의 최후를 이해하기 위해 우선 일반적인 별부터 생각해 보자. 뜨겁게 타고 있는 별은 어떻게 붕괴하거나 터지지 않고 일정한 크기를 유지하고 있을까? 그건 두 가지 힘이 균형을 이루기 때문이야. 첫 번째 힘은 별 자체의 중력이야. 별은 아주 무겁지. 그래서 육중한 중력은 별의 질량 전체를 중심의 한 점으로 끌어당겨 붕괴시키려고 해. 한편, 두 번째 힘은 별을 바깥으로 팽창시키려고 하는 압력이야. 별 내부의 뜨거운 온도 때문에 생기지. 이 두 가지 힘, 중력과 압력이 균형을 이루면서 별은 수축도 팽창도 하지 않은 채 일정한 크기를 유지하며 탈 수 있어.

별 내부가 뜨거운 온도를 유지할 수 있는 건 별 속에서 벌어지는 핵융합 반응 덕분이야. 작은 크기의 원자핵들이 합체하면서 더 큰 원자핵으로 융합하는데, 이때 막대한 에너지가 만들어지거든. 그런데 문제가 있어. 별이 아무리 크다 한들 별이 품고 있는 재료에도 한계가 있어. 오랜 시간이 지나고 별이 품고 있는 핵융합 연료가 다 떨어지면 더 이상 별은 내부에서 뜨거운 열과 압력을 만들 수 없게 되지. 이전까지는 별을 바깥으로 팽창시키려고 하는 압력으로 중력을 버티고 있었지만, 핵융합 반응이 멈추면서 별은 더 이상 중력을 버틸 수 없게 돼. 결국 별은 작은 크기로 붕괴하지.

그런데 내부의 뜨거운 열에 의한 압력이 아니더라도 별이 중력을 좀 더 버틸 수 있는 방법이 있어. 바로 '축퇴 현상'이야. 모든 원자에는 원자핵 주변에 전자가 있어. 그런데 양자 역학에 따르면 전자는 원자핵 주변에 놓일 수 있는 상태가 한 자리씩 정해져 있다고 해. 두 개 이상의 전자가 같은 상태를 가질 수 없지. 전자마다 지정석이 있다고 생각하면 돼. 그런데 만약 너무 많은 개수의 전자가 모인다면 어떻게 될까? 예컨대 별이 핵융합 반응을 멈추고 중력 붕괴할 때, 별의 밀도는 아주 높아지겠지. 이런 경우라면 전자가 한꺼번에 좁은 영역에 바글바글 모여. 전자들은 정해진 자리에 끼어 앉으려고 하면서 서로를 밀어내기 시작할 거야. 바로 이때 발생하는 압력을 전자의 '축퇴 압력'이라고 해. 핵융합 반응조차 멈춘 별이 그대로 한 점으로 붕괴하지 않고 자신의 중력을 버틸 수 있게 해 주는 비밀이지!

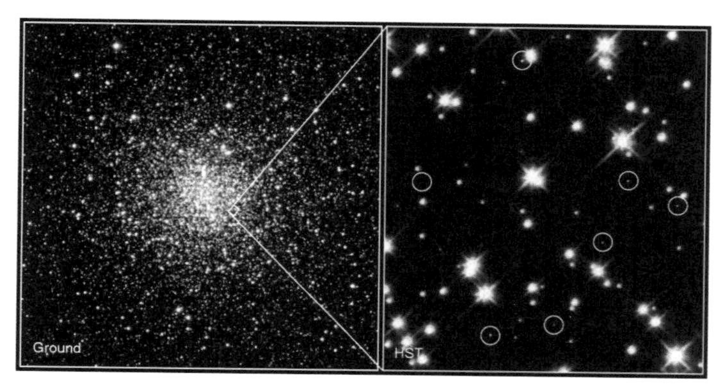

구상 성단 M4에서 발견된 흐릿한 백색 왜성의 모습

찬드라세카르는 양자 역학 이론을 바탕으로 별의 축퇴 압력이 얼마나 강한 중력까지 버틸 수 있을지를 계산했어. 이를 통해서 별의 질량이 태양 질량의 1.4배를 넘지 않는다면 핵융합 반응이 멈춰도 안정적인 별로 존재할 수 있다는 걸 발견했지. 이렇게 작은 크기로 빛나는 별을 천문학에서는 '백색 왜성'이라고 불러. 그리고 백색 왜성인 채 버틸 수 있는 최대한의 질량 한계를 바로 '찬드라세카르 한계'라고 하지. 만약 이보다 더 무거운 질량이 모인다면 결국 축퇴 압력조차 중력을 버틸 수 없게 되고 그때 비로소 별은 한 점으로 붕괴하게 돼. 그리고 이렇게 만들어지는 것이 바로 무거운 별의 최후, 블랙홀이야. 별의 죽음과 최후에 대한 이 대단한 발견을 찬드라세카르는 영국에 도착하기도 전, 배 안에서 혼자 완성해 버렸어.

외로운 유학생에서 노벨상 수상자로

영국에서의 유학 생활은 만만치 않았어. 우선 찬드라세카르의 놀라운 발견은 곧바로 인정을 받지 못했어. 게다가 영국에 도착하고 1년 만에 고향에서 어머니의 사망 소식이 날아왔지. 찬드라세카르는 고향에 가지도 못하고 계속 외롭게 영국에서 물리학을 연구했어. 한번은 자신이 발견한 백색 왜성의 질량 한계에 관해 다른 천문학자들 앞에서 강연할 기회가 있었는데, 이때 찬드라세카르는 큰 망신을 당했어. 당시 강연을 듣던 사람 중에 아주 유명한 천문학자 아서 에딩턴이 있었거든. 그런데 에딩턴은 찬드라세카르가 주장하는 별의 최후가 물리학적으로 불가능하다고 고집했어. 심지어 찬드라세카르가 아인슈타인의 상대성 이

아서 에딩턴

론을 제대로 이해하고 있지 못하다며, 만약 찬드라세카르의 주장이 맞다면 이건 상대성 이론에 문제가 있다는 뜻이라고 이야기하기까지 했지. 당시 에딩턴은 개기 일식 관측을 통해 아인슈타인의 상대성 이론을 직접 입증한 아주 권위 있는 천문학자였기에 모두 에딩턴의 말에 고개를 끄덕였어. 먼 나라에서 온 이방인이었던 찬드라세카르에게는 제대로 된 변호를 할 수 있는 시간조차 주어지지 않았지.

찬드라세카르는 인종 차별도 견뎌야 했어. 이후 천문학자 할로 섀플리의 추천으로 미국으로 건너가게 된 찬드라세카르는 시카고 대학교의 여키스 천문대에서 연구 교수로 일을 하게 되었어. 동료들은 그의 비범한 실력을 보고 직접 학생들에게 천문학을 강의하는 과정을 개설하자고 했지. 그런데 일부 백인 물리학자들은 피부색을 들먹이면서 그와 함께 수업을 할 수 없다고 했어. 시카고 대학교의 총장까지 나서서 물리학과 교수들을 설득한 끝에 찬드라세카르는 겨우 학생들을 가르칠 수 있었지.

외로운 유학 생활에서 찬드라세카르의 아내는 그에게 큰 힘이 되었어. 찬드라세카르는 인도를 떠난 이후에도 프레지던시 대학 물리학과에서 함께 수업을 들었던 랄리타와 계속 편지를 주고받았어. 6년간 얼굴도 보지 못하고 편지만으로 사랑을 키워 나갔지. 찬드라세카르는 결혼을 해도 과연 자신이 연구 생활을 계속해 나갈 수 있을지 확신이 서지 않았어. 하지만 결국 6년 만에 인도에 돌아가서 랄리타를 만났고 둘은 결혼했어. 그리고 곧바로 다시 미국 보스턴으로 돌아와서 유학 생활을 이어 갔지. 사교적이었던 랄리타는 찬드라세카르가 타지에서 홀로 외롭게 연구하지 않도록 많은 도움을 주었어. 특히 찬드라세카르의 아버지는 아들이 고향을 떠나 외국에서 시민권까지 따면서 지내는 것을 여전히 탐탁지 않아 했거든. 하지만 랄리타가 그 사이에서 아버지를 계속 설득했고, 찬드라세카르가 가족 문제로 고민하느라 연구에 소홀하지 않도록 도왔어.

찬드라세카르와 그의 아내 랄리타

찬드라세카르는 우주를 연구하는 과학자로서도 뛰어났지만, 글을 다루는 솜씨도 뛰어났어. 그는 1952년 〈천체물리학회지〉의 편집장으로 부임하는데 당시까지만 해도 이 학회지는 시카고 대학교에서 출간하는 그저 그런 논문집에 불과했어. 하지만 찬드라세카르는 열정적으로 학회지를 발전시켰어. 1년에 여섯 권만 나오던 것을 매달 두 권씩 발간하도록 했고, 더 많은 인력이 전 세계 천문학자들의 질 좋은 논문을 수집하고 평가하도록 했어. 덕분에 〈천체물리학회지〉는 미국 천문학회에서 직접 관리하는 세계 최고의 천문학 학술지로 발돋움할 수 있었지.

한 가지 재미있는 점은, 1982년 천문학자 아서 에딩턴의 탄생 100주년 기념 강연을 찬드라세카르가 직접 진행했다는 점이야. 에딩턴은 젊은 시절 백색 왜성에 관한 찬드라세카르의 이론을 비아냥거리면서 모든 사람 앞에서 망신을 주었잖아. 하지만 찬드라세카르는 그 강연에서 에딩턴이 얼마나 놀라운 발견을 남겼는지, 왜 모두가 기억해야 하는 위대한 천문학자인지 감동적인 강연을 선보였어. 그리고 1983년에는 그로부터 50여 년 전, 영국으로 가던 배 안에서 완성한 그의 놀라운 발견이 비로소 인정을 받으면서 노벨 물리학상의 주인공이 되었지.

우주는 점점 더 빨리 팽창한다

찬드라세카르의 발견은 단순히 별 하나의 죽음을 설명한 데 머무르지 않아. 우주의 탄생과 미래를 연구하는 빅뱅 우주론에서도 그의 발견이 아주 중요하게 쓰이고 있어. 찬드라세카르 한계는 별이 안정적인 백색 왜성으로 버틸 수 있는 질량에 특정한 기준이 있다는 이론이야. 그것보다 별이 더 무거워지면 결국 버티지 못하고 거대한 초신성 폭발과 함께 사라지지. 즉 초신성으로 터지는 모든 별은 폭발 순간의 질량이 다 같다는 뜻이야. 모두 찬드라세카르 한계보다 질량이 무거워질 때가 되어야 폭발을 하게 될 테니까.

이건 아주 중요해. 별이 얼마나 밝은 빛을 뿜으며 폭발할지는 그 별이 얼마나 무거운지에 따라 결정되거든. 그런데 초신성이 폭발하는 순간, 별의 질량이 모두 같다면? 거리가 멀든 가깝든, 모든 초신성이 폭발하는 순간의 절대 밝기가 동일하다고 생각할 수 있어. 즉 초신성도 변광성처럼, 그 거리를 몰라도 별의 절대 밝기를 알 수 있는 놀라운 잣대가 되는 거지. 저 멀리 하늘에서 초신성 폭발이 관측된다면, 우리가 알고 있는 초신성의 절대 밝기와 하늘에서 보이는 겉보기 밝기를 비교해 초신성까지의 거리를 유추할 수 있는 거야!

바로 이 놀라운 방법을 통해서 21세기 천문학자들은 우주

끝자락의 먼 은하까지의 거리를 재고 있어. 변광성도 별이기 때문에 거리가 너무 멀어지면 제대로 관측할 수 없어. 하지만 별이 폭발하는 초신성은 훨씬 밝기 때문에 더 먼 거리까지도 잴 수 있지. 천문학자들은 초신성 폭발을 관측해서 우주가 시간이 갈수록 더 빠르게 팽창하고 있다는 사실을 발견했어. 백색 왜성이라는 별의 최후에 관한 찬드라세카르의 이론이 없었다면 이 발견은 불가능했을 거야. 우주가 대체 왜 중력을 거슬러서 점점 더 빨리 팽창하고 있는지는 지금까지도 수수께끼로 남아 있어. 찬드라세카르의 이론을 통해 얻은 새로운 관측이 우리를 또 다른 질문으로 이끌고 있는 거야.

중성자별 너머를 고민한 오펜하이머

더 이상 전기적으로 양도 음도 띠지 않는 중성자만으로 별 전체가 이루어진 별을 '중성자별'이라고 불러. 원자 폭탄을 개발한 것으로 유명한 로버트 오펜하이머는 1939년 중성자별의 가능성을 수학적으로 분석한 논문을 발표했어. 그는 중성자별이 되려면 얼마나 무거운 질량이 필요한지, 안정적인 중성자별로 존재할 수 있는 질량의 한계는 어느 정도인지를 계산했어. 만약 질량이 지나치게 무겁다면 결국 중성자조차 안정적으로 버틸 수 없어 별이 붕괴하게 되지.

양자 역학에 따르면 작은 입자들은 같은 상태를 공유하려 하지 않아. 결국 서로를 밀어내는 압력을 만들지. 중성자별에서도 마찬가지야. 같은 상태에 다른 중성자가 끼어드는 것을 싫어하는 중성자들은 서로를 계속 밀어내. 바로 축퇴 압력이야. 축퇴 압력은 중성자별을 붕괴시키려는 중력에 대항하는 새로운 힘이 돼. 평범한 별은 내부의 뜨거운 온도로 생기는 압력으로 중력을 버틴다면, 더 이상 핵융합이 벌어지지 못하는 중성자별은 축퇴 압력으로 중력에 대항해. 중성자의 축퇴 압력은 수학적으로 쉽게 계산할 수 있어.

오펜하이머는 물리학자인 리처드 톨먼, 조지 볼코프와 함께 중성자별의 최대 질량 한계를 제시했어. 당시 그는 태양 질량의 0.75배보다 더 무거운 별의 잔해가 남게 된다면 결국 중성자별로도 버티지 못한 채 한 점으로 별이 붕괴할 거라고 생각했어.

그런데 당시의 계산에는 몇 가지 오류가 있었어. 우선 이 값은 백색 왜성의 질량 한계를 규정한 찬드라세카르 한계보다 더 가벼워! 찬드라세카르 한계는 태양 질량의 1.4배 수준이잖아. 백색 왜성보다 더 막대한 중력으로 짓눌려 있어야 할 중성자별의 최대 질량이 백색 왜성의 절반밖에 안 되는 거지. 오펜하이머가 동료들과 함께 계산한 결과는 중성자별이 자전하지 않는다고 가정한 상태에서 얻은 값이었어. 그런데 보통 중성자별은 아주 빠른 속도로 자전해. 오늘날 새롭게 추정되는 중성자별의 최대 질량 한계는 태양 질량의 2.3~3배 정도야.

오펜하이머는 중성자별 너머 더 강한 중력으로 붕괴한 그 이후의 모습을 계속 연구했어. 그는 중력이 너무 강해서 결국 빛조차 빠져나올 수 없는 별이 있을 수 있다고 생각했지. 모든 물질이 무한에 가까운 밀도로 한 점에 모여든다는 거야. 이것이 정확히 오늘날 우리가 이야기하는 블랙홀이야. 오펜하이머는 블랙홀이라는 개념을 천체물리학적인 방식으로 처음 떠올린 사람이었던 거지.

시한부_인생을_이겨_낸 물리학계의_큰_별

타고난 유머 감각과 탐구심으로
생각의 한계를 뛰어넘는

ESTP

5

블랙홀의 존재를 증명하다

스티븐 호킹

1942 ~ 2018

영국의 천체물리학자

2020년 10월, 그해 노벨 물리학상의 주인공이 발표되었어. 당시 노벨상이 주목한 주제는 바로 블랙홀이었어. 그즈음 천문학자들이 지구 전역의 전파 망원경을 동원해서 5,000만 광년 거리에 떨어진 거대한 블랙홀의 모습을 실제로 포착하는 데 성공했거든. 그동안 이론적으로만 그 존재가 추정되고 있었던 블랙홀의 실체가 확인된 놀라운 순간이었지. 이를 기념해서 노벨상 위원회는 블랙홀의 존재를 처음으로 규명한 세 명의 과학자들에게 노벨 물리학상을 수여했어.

수상자 중 독일의 천체물리학자 라인하르트 겐첼과 미국의 천문학자 앤드리아 게즈는 우리 은하 중심에 거대한 블랙홀이 있다는 최초의 증거를 찾았어. 둘은 은하 중심부에 있는 별들이 아주 좁은 영역에서 빠른 속도로 맴돌고 있다는 것을 발견했지.

2020년 노벨 물리학상 수상자인 라인하르트 겐첼(왼쪽),
앤드리아 게즈(가운데), 로저 펜로즈(오른쪽)

그 중심에 아주 작지만 아주 무겁고 중력이 강한 무언가가 있어야만 설명할 수 있는 모습이었어. 이를 통해 우리 은하 중심에서 궁수자리 방향으로 태양 질량의 400만 배나 되는 거대한 블랙홀이 있을 거라 추정했지.

또 다른 이론물리학자 로저 펜로즈도 이 둘과 영광을 함께 했어. 그는 모두가 불가능할 거라 생각했던 블랙홀이 충분히 가능하다는 것을 수학적으로 규명해 냈지. 그런데 펜로즈는 노벨 물리학상 수상 소식이 마냥 달갑지만은 않았어. 그의 성과는 오랜 동료와 함께 이루어 낸 결과였거든. 하지만 슬프게도 그 동료는 이미 세상을 떠나 곁에 없었어. 바로 물리학자 스티븐 호킹이야. 안타깝게도 노벨상은 살아 있는 사람에게만 상을 주기 때문에 호킹은 상을 받을 수 없었어. 펜로즈의 수상 소식을 본 많은 과학자는 호킹이 몇 년만 더 살아 주었다면 결국 노벨상을 받지 않았을까 생각하며 아쉬워했지.

당돌하고 호기로웠던 청년

호킹은 1942년 1월 8일 영국 옥스퍼드에서 태어났어. 호킹의 생일은 정확하게 천문학자 갈릴레오 갈릴레이가 죽고 나서 300년째가 되는 날이야. 그래서 호킹은 어렸을 때부터 자신과 우주 사이에 특별한 연이 있다는 재미있는 생각을 하곤 했지.

호킹의 부모님은 모두 학구열이 높았어. 아버지는 옥스퍼드 대학교를 졸업하고 약학을 연구하는 과학자였어. 어머니도 옥스퍼드 대학교에서 경영학을 전공하고 국세청에서 근무했던 엘리트였지(하지만 어머니는 국세청에서의 삶이 지루하다고 생각했고 이후 학교 교사로 직업을 바꿨어). 부모님 모두 공부를 열심히 했던 모범생 출신이었어. 그 영향으로 호킹과 동생들은 어렸을 때부터 부모님을 따라 책을 굉장히 많이 봤어. 심지어 식사할 때도 테이블 위에 각자 읽을 책을 하나씩 펼쳐 두고 서로 대화도 하지 않은 채 책만 보면서 밥을 먹었다고 해. 주변 이웃들은 호킹의 가족이 굉장히 독특하다고 생각했지.

호킹은 어렸을 때부터 아주 사교적인 아이였어. 친구들과 농담을 주고받고 어울리는 것을 좋아했지. 사실 호킹은 성적이 아주 좋은 편은 아니었어. 학교에서 중간 정도의 성적이었지. 대신 수학 과목에서는 아주 특출난 재능을 보였어. 과학자였던 아버지가 직접 수학을 가르치기도 했고 말이야. 교육에 관심이 많았던 호킹의 아버지는 아들이 고등학교를 졸업하고 자신이 더는 수학 실력을 따라잡지 못하게 될 때까지 틈틈이 수학 공부를 도와주었다고 해. 가끔 호킹을 자신의 실험실에 데리고 가서 현미경으로 곤충을 보여 주기도 했어.

호킹은 복잡한 기계를 분해하고 조립하는 것도 좋아했어. 반 친구들과 함께 아주 복잡한 보드게임을 새롭게 만들어서 쉬는 시간마다 가지고 놀기도 했어. 이런 괴짜 같은 모습 때문에 친구들은 호킹을 아인슈타인이라는 별명으로 불렀대.

호킹이 열일곱 살이 되던 해, 호킹의 아버지는 대학 입학시험에 지원해도 될 만큼 아들의 실력이 성장했다고 평가했어. 그래서 남들보다 일찍 대학교 입학시험을 치르게 했지. 놀랍게도 호킹은 옥스퍼드 대학교에 입학할 수 있었어. 부모님과 같은 학교를 다니게 되었지.

호킹의 대학 생활은 그리 성실하지 않았어. 당시 옥스퍼드 대학의 학생들 사이에는 공부를 열심히 하지 않고서도 좋은 성적을 받는 것이 가장 멋지다는 이상한 분위기가 퍼져 있었거든. 반대로 공부를 열심히 하면서 성적이 그리 높게 나오지 않는 학생을 '회색 인간'이라고 부르기도 했어. 옥스퍼드 대학에서 가장 불명예스러운 별명이었지. 친구들과 어울리기를 좋아했던 호킹도 공부를 성실하게 하지는 않았어. 대신 조정 클럽에 들어가 연습을 하는 등 스포츠 활동을 즐겼지. 이때까지 호킹은 남들 못지않게 다양한 신체 활동을 하면서 아주 건강한 삶을 살았어.

대학교를 졸업할 당시 호킹이 얼마나 당돌하고 호기로웠는지를 보여 주는 유명한 일화가 하나 있어. 졸업 시험을 마친 호킹의 성적은 1등급 합격선에 간당간당하게 걸려 있었지. 당시 옥스퍼드 대학에서는 1등급을 받은 학생에게만 케임브리지 대학원으로 진학할 기회가 주어졌어. 2등급을 받은 학생은 옥스퍼드 대학에서 대학원을 다녀야 했지. 성적이 애매하게 걸쳐 있던 호킹은 교수들 앞에서 면접을 보면서 이렇게 이야기했지.

"제 성적을 1등급으로 올려 주신다면 저를 케임브리지로 보내 버리실 수 있습니다. 그런데 2등급으로 두신다면 계속 옥스퍼드에서 저를 보셔야 합니다."

호킹의 당돌한 모습에 만만치 않은 학생이라고 생각한 교수들이 그를 케임브리지로 보내 버리려고 성적을 1등급으로 올려 주었다는 전설 같은 이야기야.

블랙홀은 태초의 우주를 닮았다

케임브리지 대학원을 다니기 시작한 호킹은 당시 천체물리학계의 가장 뜨거운 이슈였던 빅뱅 이론을 연구하고 싶었어. 그러기 위해 우주의 기원에 관한 최고 전문가 중 한 사람이었던 천문학자 프레드 호일의 연구실에 들어가려고 했지. 하지만 호일의 연구실은 성적이 최고로 좋은 학생들만 갈 수 있었기에 호킹은 그 연구실에 들어갈 수 없었어. 결국 호일 대신 물리학자 데니스 시아마의 연구실에서 지도를 받게 되었어. 사실 그때까지만 해도 호킹은 시아마라는 물리학자를 들어 본 적도 없었지. 하지만 그는 이후 호킹을 비롯해 수많은 훌륭한 물리학자를 길러낸 최고의 지도 교수였어.

데니스 시아마

이제 막 대학원에 들어가 본격적인 연구자의 삶을 살던 무렵, 호킹은 몸이 이상해지고 있다는 걸 느끼기 시작했어. 걸음이 불편해졌고 자주 쓰러졌지. 몸도 심하게 야위기 시작했어. 처음에는 별일이 아니라고 생각했지만 가족들은 호킹을 데리고 여러 병원에서 검사를 받았지. 그리고 충격적인 소식을 듣게 돼. 몸의 근육이 서서히 마비되어 가는 루게릭병에 걸렸다는 진단을 받은 거야. 당시 의사들은 호킹이 앞으로 2~3년도 버티지 못할 거라고 봤어. 물론 결론만 보자면, 호킹은 이후 50년 가까이 더 살았지. 드물게도 호킹의 루게릭병이 아주 천천히 진행되었기 때문이야.

자신의 미래를 모르던 호킹은 삶이 얼마 남지 않았다는 사실에 잠시 방황했어. 하지만 시아마는 호킹을 냉철하게 지도했어. 비록 시한부의 삶이라 하더라도 마지막 순간까지 서둘러 박사 학위 논문을 마무리하는 것이 어떻겠냐는 조언을 하기도 했지. 시아마의 지도를 받으면서 호킹은 다시 마음을 다잡고 연구에 매진할 수 있었어. 사실 이미 이때부터 호킹은 거동이 조금씩 불편해지기 시작했어. 펜을 잡고 글씨를 쓰는 것도 힘들어졌지. 당시 결혼을 약속했던 제인은 호킹의 연구를 옆에서 많이 도와줬어. 호킹이 논문의 내용을 입으로 말하면 제인이 타자를 쳐주었지. 다만 복잡한 수식은 제인이 받아 적을 수 없었기 때문에

스티븐 호킹과 제인의 결혼식 사진

호킹은 얼마 남지 않은 근육의 힘을 짜내 수식을 직접 써넣었어.

당시 시아마는 천문학계에서 새롭게 거론되기 시작하고 있던 한 천체의 가능성에 대해 고민하고 있었어. 중력이 너무 강해서 모든 질량이 한 점에 모여 붕괴하는 천체, 빛조차 빠져나오지 못하는 암흑의 천체였지. 바로 오늘날 우리가 '블랙홀'이라고 부르는 천체야. 당시 물리학자들은 수학적으로는 블랙홀을 묘사할 수 있지만 실제로 그런 극단적인 천체가 우주에 있지는 않을 거라고 봤어. 아주 대칭적인 데다 회전도 하지 않는 이상적인 별이 중력 수축을 해야만 블랙홀이 될 수 있었거든. 따라서 블랙홀은 이론에서나 가능한 존재일 뿐이라고 생각한 거야. 그런데 물리학자 로저 펜로즈는 모두의 생각을 뒤집고 별의 상태에 상관없이 질량만 충분하다면 모두 한 점으로 붕괴하는 것이 가능하다는 걸 증명해 냈어. 그리고 블랙홀 중심의 작은 점을 '특이점'이라고 불렀지.

호킹은 바로 여기에서 놀라운 통찰을 떠올렸어. 펜로즈의 블랙홀 이론에서 이야기하는 특이점이 정확히 빅뱅 직후 우주의 상태와 비슷하다고 생각했지. 빅뱅 이론은 우주가 높은 밀도의 한 점에 모여 있다가, 머금고 있던 에너지를 사방으로 토해 내면서 지금의 거대한 시공간이 탄생했다고 이야기해. 결국 수학적으로 보면 모든 질량과 에너지가 한 점에 모여 있었을 빅뱅 직후의 우주는 하나의 거대한 특이점과 같다고 볼 수 있지. 블랙홀의 특이점과 우주의 초기 모습이 본질적으로 다르지 않다는 놀라운 수학적 발견을 바탕으로 호킹은 역사적인 박사 학위 논문을 완성했어. 그리고 얼마 지나지 않아 세상을 떠날 것이라는 주변의 걱정과 달리 성공적으로 물리학 박사 과정을 마칠 수 있었지.

백조자리 X-1에 건 장난스러운 내기

블랙홀과 관련해 호킹의 재미있는 일화가 있어. 1971년 천문학자들은 하늘에서 이상한 신호를 하나 발견했어. 당시에는 미국과 소련 사이 냉전이 벌어지고 있었기에 핵전쟁의 위기가 팽배했어. 그래서 상대 국가에서 핵무기 실험을 하고 있지는 않은지 감시하려는 시도가 많았지. 그중에는 하늘 높이 작은 로켓을 올려서 핵무기가 폭발할 때 방출되는 강한 엑스선 신호를 검출하는 방식도 있었어. 이렇게 미국에서도 소련을 감시하려는 여러 로켓이 우주로 올라갔지. 그런데 천문학자들이 백조자리 방향의 우주에서 강한 엑스선 신호가 방출되고 있다는 걸 발견한 거야. 이 천체를 백조자리 X-1이라고 불렀지. 그런데 아무리 망원경으로 하늘을 살펴봐도 별이 보이지 않았어. 대체 이 강력한 엑스선은 어디에서 나오고 있는 걸까?

일부 천문학자들은 전설 속의 블랙홀이라면 엑스선을 방출할 수도 있다는 생각을 하게 되었지. 블랙홀이 바로 곁에 있는 별의 물질을 빠르게 집어삼키면서 그 주변에 높은 온도로 달궈진 먼지 원반이 형성될 수 있어. 그러면 블랙홀 주변의 원반에서는 아주 강력한 엑스선 신호가 방출되지. 천문학자들은 백조자리 X-1이 처음으로 발견된 블랙홀일지 모른다고 생각했지.

이때 호킹은 물리학자 킵 손과 함께 장난스러운 내기를 했

찬드라 엑스선 우주 망원경으로 관측한 백조자리 X-1 블랙홀

어. 킵 손은 백조자리 X-1이 결국 블랙홀로 밝혀질 거라는 데 걸었지. 반면에 호킹은 블랙홀로 밝혀지지 않을 거라는 데 걸었어. 둘이 내기에 무엇을 걸었는지 알아? 이긴 사람에게 1년간 성인 잡지 구독권을 사 주기로 했어. 결국 이 천체는 곁에 있는 별의 물질을 빠르게 집어삼키고 있는 블랙홀이라는 사실이 유력해졌고, 호킹은 내기에서 지게 되었지. 실제로 호킹은 손에게 1년치의 성인 잡지 구독권을 사 주었다고 해. 농담을 좋아하고 사교적인 그의 성격을 엿볼 수 있는 일화지?

대통합 이론으로 한 발짝 나아가다

한편 그사이 호킹의 건강은 더 나빠졌어. 이전에는 간단한 의사소통 정도는 할 수 있었지만 이제는 손가락을 움직이는 것도 힘들어지기 시작했지. 결국 호킹은 볼 근육과 눈꺼풀을 움직이면서 단어를 선택해 대화하는 장치의 도움을 받아야 했어. 모니터가 달린 전동 휠체어에 앉아 있는, 우리에게 익숙한 호킹의 모습은 바로 이때부터 시작되었지. 놀랍게도 호킹은 이런 상황 속에서도 블랙홀 연구를 쉬지 않았어. 복잡한 수식 계산을 오로지 머릿속으로만 수행해 내면서 놀라운 연구 결과를 연이어 발표했지. 물론 그 곁에는 호킹의 연구 활동을 계속 지원해 준 제인과 가족들이 있었어.

호킹은 갈릴레이의 죽음 300주년이 되는 날 태어났잖아. 그런데 그가 세상을 떠난 날도 참 절묘했어. 2018년 3월 14일, 아인슈타인의 탄생 139주년이 되는 날에 눈을 감았거든. 2~3년밖에 살지 못할 거라던 의사들의 진단을 훨씬 넘어선 긴 삶이었지만 주변의 많은 동료는 천재적인 물리학자와의 이별을 슬퍼했어. 이후 호킹은 영국 런던의 웨스트민스터 사원 아래 안치되었어. 호킹의 비석은 영국을 대표하는 두 과학자 아이작 뉴턴과 찰스 다윈의 비석 사이에 놓여 있어. 우주에 관한 그의 발견을 기리기 위해, 그의 비석에는 블랙홀을 표현한 그림과 블랙홀의 온도를 재는 호킹의 대표 공식이 새겨져 있어. 과학적으로 신의 존재를 믿지 않는 무신론자였던 호킹의 유해가 가장 종교적인 장소에 안치되었다는 점은 참 흥미롭지.

가끔, 호킹이 실제로는 별다른 업적이 없는데 장애 때문에 과대평가되었다고 보는 사람들이 있어. 하지만 전혀 그렇지 않아. 장애와 별개로 호킹은 블랙홀 그리고 우주의 탄생과 관련한 놀라운 업적을 남겼어. 특히 호킹의 블랙홀 연구는 우주에서 가장 작은 미시 세계의 양자 역학과 우주에서 가장 거대한 상대성 이론을 연결 짓는 시도였다는 평가를 받고 있어. 블랙홀은 한 점에 모든 물질이 모여 있기 때문에 그 크기만 보면 양자 역학의 무대라고 볼 수 있지. 하지만 동시에 가장 강력하고 극단적인 중력을 행사하는 천체이기 때문에 아인슈타인의 상대성 이론이 적용되는 무대가 되기도 해. 양자 역학과 상대성 이론이 어떻게 어우러질 수 있는지는 지금까지도 물리학자들이 머리를 싸매고 있는 문제야. 아인슈타인도 마지막 순간까지 이 둘을 연결 짓는 대통합 이론을 꿈꿨지만 결국 실패했지. 호킹의 블랙홀 연구는 바로 이 대통합 이론에 한 발짝 다가가는 데 위대한 길잡이가 되어 주었어.

비록 호킹은 비좁은 휠체어에 앉은 채 평생을 살아야 했지만 그의 머릿속에는 남들보다 훨씬 거대한 크기의 우주가 펼쳐져 있었어. 호킹이 남긴 다음 말을 읽어 보면 그의 머릿속에 펼쳐졌던 광대한 우주를 짐작할 수 있을 거야.

"비록 내가 움직일 수 없고 컴퓨터를 통해야만 말할 수 있지만, 나의 마음속에서 나는 자유롭다."

블랙홀이 에너지를 방출한다고?

블랙홀의 온도를 잴 수 있을까? 온도를 갖고 있는 물체는 열기를 빛의 형태로 발산해. 따라서 얼마나 많은 빛을 사방으로 내보내고 있는지를 보면 그 온도를 잴 수 있지. 그런데 블랙홀은 중력이 너무 강해서 빛조차 빠져나가지 못하는 존재잖아. 그래서 오랫동안 천문학자들은 블랙홀에는 온도가 없다고 생각했어. 말 그대로 절대 영도라고 생각했지. 참고로 절대 영도는 물리학에서 이론적인 온도의 최저점이야.

호킹은 다르게 생각했어. 진공 상태는 아무런 물질도 에너지도 없이 텅 빈 것처럼 보여. 하지만 양자 역학의 세계에서는 그렇지 않아. 아주 짧은 찰나에 미세하게 새로운 에너지가 튀어나올 수 있지. 이때 전체 에너지는 보존이 되어야 하므로 결국 양의 에너지와 음의 에너지가 함께 튀어나오게 돼. 평소라면 양의 에너지와 음의 에너지는 다시 서로 충돌하면서 소멸할 거야. 만약 거대한 블랙홀이 있다면 어떻게 될까? 튀어나온 에너지 중 절반이 블랙홀 속으로 빨려 들어가. 짝을 잃은 나머지 절반의 에너지는 블랙홀 바깥으로 떠나게 되지. 특히 블랙홀이 음의 에너지를 잡아먹게 되면 블랙홀 전체 에너지는 조금씩 줄어들게 돼. 그동안 블랙홀은 짝을 잃은 양의 에너지를 바깥으로 방출하게 되지. 온도를 가진 물체가 사방으로 열기를 내뿜는 것처럼 말이야. 그래서 호킹은 블랙홀도 아주 미세하게 에너지를 방출하면서 온도를 가질 수 있다고 생각했어. 이것을 '호킹 복사'라고 불러.

호킹 복사는 블랙홀의 최후에 관해 아주 재미있는 가능성을 이야기하고 있어. 블랙홀은 질량이 무거울수록 온도가 낮아. 현재 우주에 존재하는 블랙홀은 대부분 우주 자체의 온도보다도 훨씬 낮은 온도를 갖고 있어. 열기는 뜨거운 곳에서 차가운 곳으로 흘러. 그래서 우주의 열기는 블랙홀 속으로 대부분 빨려 들어가기만 하지. 그런데 아주 먼 미래, 우주가 계속 팽창하다가 우주가 절대 영도에 가깝게 식게 되면 그때부터는 블랙홀의 온도가 우주의 온도보다 살짝 더 높아지게 돼. 그리고 드디어 블랙홀 바깥으로 열기가 빠져나가기 시작하겠지!

호킹 복사의 형태로 꾸준하게 에너지를 잃게 된 블랙홀은 결국 사라질 거야. 오랫동안 천문학자들은 한번 탄생한 블랙홀은 우주가 망할 때까지 계속 사라지지 않고 남아 있을 거라고 생각했어. 블랙홀을 사라지게 할 방법이 없었거든. 그런데 호킹 복사는 블랙홀도 결국 긴 시간이 흐르고 나면 서서히 증발한다고 이야기해. 다만 한 가지 문제가 있어. 호킹 복사는 아주 느리게 진행돼. 블랙홀의 질량이 무거울수록 그 진행 과정은 훨씬 느려져. 오늘날 우주에 존재하는 블랙홀은 대부분 증발하기까지 우주의 나이보다 더 긴 시간이 필요하지. 아쉽게도 호킹은 자신의 호킹 복사가 입증되는 순간을 보지 못하고 세상을 떠나야 했어. 어쩌면 그의 가설은 우주가 종말하는 순간이 되어서야 비로소 검증될지도 몰라.

최초라는_수식어를 달고_산_천문학자

결과가 보이든 보이지 않든
나만의 답을 명랑하게 만들어 나가는

ENTP

6

암흑 물질의 증거를 발견하다

베라 루빈

1928 ~ 2016

미국의 천문학자

우주는 얼마나 무거울까? 거대한 우주를 저울 위에 올릴 수는 없어. 그 대신 우주에 얼마나 많은 별과 행성이 있는지 안다면 그것들의 질량을 다 합해서 우주의 질량을 짐작할 수 있겠지. 그런데 놀랍게도 그게 다가 아니야. 우주에는 사실 밝게 빛나는 별뿐 아니라, 빛을 내지도 흡수하지도 않는 이상한 물질도 가득 채워져 있거든. 천문학자들은 이 놀라운 존재를 '암흑 물질'이라고 부르지. 그런데 대체 어떻게 빛조차 내지 않는 암흑 물질이 있다는 걸 알 수 있었을까? 우주의 암흑 속 미지의 존재를 좇을 수 있게 해 준 베라 루빈의 놀라운 이야기를 따라가 보자.

학회를 떠들썩하게 만든 젊은 엄마

루빈은 1928년 미국 필라델피아의 어느 가정에서 둘째 딸로 태어났어. 그의 아버지는 벨 연구소에서 전기 기술자로 일했지. 덕분에 자연스럽게 어릴 때부터 과학에 관심이 생겼어. 한번은 아버지가 직접 커다란 원통과 렌즈 두 개를 갖고 와서 같이 망원경을 만들기도 했지. 루빈은 아버지와 만든 망원경으로 밤하늘 사진을 찍으려 시도해 봤어. 아쉽게도 성공하지 못했지만, 그래도 루빈에게는 소중한 추억이 되었지.

루빈은 열 살이 되던 해 가족과 함께 워싱턴 D.C.로 이사를 갔어. 전과는 달리 언니와 방을 따로 쓸 수 있었지. 언니는 남향 방에, 루빈은 북향 방에 지내게 되었어. 루빈의 방에는 햇빛이 잘 들지 않았지만 매일 밤 창문 너머 북극성을 볼 수 있었어. 루빈은 매일 침대에 누워서 천천히 북극성을 중심으로 돌아가는 별들의 모습을 보면서 잠들었어. 그러면서 우주의 회전에 관심을 두게 되었지. 루빈은 자연스럽게 우주를 연구하는 천문학자가 되어야겠다는 꿈을 꾸기 시작했어.

훗날 성인이 된 루빈은 물리학자 리처드 파인먼의 제자로 공부하고 있던 로버트 루빈을 만나 결혼했어. 이후 남편을 따라 코넬 대학교 대학원에 진학했어. 그곳에서 천문학자 마사 카펜터와 함께 우주를 채우고 있는 은하들의 움직임을 연구하게 되었지. 당시 루빈은 우주가 거대하게 회전하고 있을지 모른다는 생각에 빠져 있었어. 마치 태양을 중심으로 행성들이 돌고 있듯이, 은하들의 회전 운동을 파악한다면 우주 회전의 정중앙도 찾을 수 있지 않을까 생각했지. 당시 루빈은 109개 은하의 움직임을 분석해서 이들이 한결같이 한 방향으로 회전하는 것 같다는 결과를 얻었어. 그리고 그 결과를 곧바로 그해 겨울에 미국 천문학회에서 발표할 계획이었지.

그런데 문제가 있었어. 학회는 12월에 열릴 예정이었지만 아이를 임신한 루빈은 이미 11월에 만삭이었어. 지도 교수는 루빈을 대신해서 학회에 참석하겠다고 했지만 루빈은 연구자로서 자신의 첫 발견을 직접 발표하고 싶었지. 그래서 루빈은 출산 후에 남편과 함께 아버지가 모는 차를 타고 학회 현장으로 떠났어. 폭설을 뚫고서 말이야.

당시 루빈은 「온 우주의 회전」이라는 정말 당돌한 제목으로 연구 결과를 발표했어. 하지만 발표가 끝나자마자 여러 천문학자에게 거센 비판을 받았지. 데이터가 부족한데 너무 섣불리 결과를 도출했다는 의견이 다수였어. 루빈에게도 첫 학회에서의 발표 경험이 마냥 행복하기만 한 추억은 아니었지. 당시 〈워싱턴 포스트〉는 루빈의 당돌한 발표에 관해 다음과 같은 제목으로 기사를 실었어.

"젊은 엄마, 창조의 심연을 계산해 내다!"

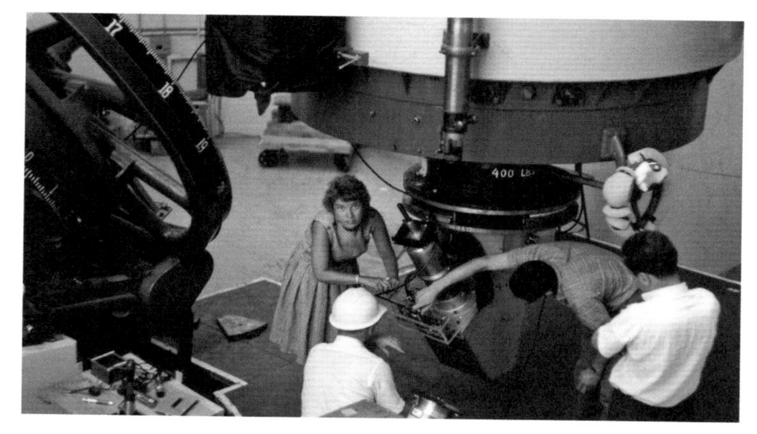

1965년 애리조나 플래그스태프에 위치한 로웰 천문대에서
동료들과 함께 망원경 관측을 준비하고 있는 루빈

은하 외곽 별들의 빠른 회전을 포착하다

이후 남편이 워싱턴 D.C.에서 직업을 얻게 되면서 루빈은 다시 이사를 갔고, 어쩔 수 없이 학교를 쉬고 전업주부로 일하게 되었어. 하지만 루빈은 천문학에 미련을 버리지 못했어. 결국 남편은 루빈이 다시 학교에 다닐 수 있도록 지원해 주었지.

루빈은 집 근처 조지타운 대학교에 박사 학위를 신청했어. 사실 이 학교는 천문학은커녕 과학 분야에서도 딱히 유명한 곳은 아니었어. 다만 한 가지 재미있는 점이 있었는데, 천문학 강의를 밤에만 개설하는 학교였어. 천문학은 밤의 학문이라고 생각했던 걸까? 덕분에 루빈은 낮에는 아이를 돌보고, 밤에는 학교에서 수업을 듣는 삶을 꾸려 갈 수 있었지. 매일 저녁이면 남편은 루빈을 태우고 대학교에 데려다줬어. 아내가 수업을 듣는 동안 남편도 대학교 도서관에서 자기 일을 하면서 기다렸지. 그리고 늦은 밤 수업이 끝나면 아내를 태우고 함께 집으로 돌아갔어. 우주에 대한 루빈의 열정을 잘 알고 있던 남편의 지원이 있었기에 루빈도 포기하지 않고 계속 공부를 할 수 있었지.

이후 1965년부터 루빈은 팔로마산 천문대에서 근무하기 시작했어. 그때까지 이 천문대에 여성 천문학자가 방문한 적은 한 번도 없었대. 남자 화장실만 있고 여자 화장실은 아예 없을 정도였지. 팔로마산 천문대 역사상 처음으로 관측을 맡게 된 여성 천

1965년 12월, 팔로마 망원경을 사용한 최초의 여성 천문학자가 된 루빈

문학자 루빈은 천문대에 직접 여자 화장실을 만들기까지 했어.

마흔 살이 되어서야 자신만의 연구를 할 수 있게 된 루빈은 그때까지 다른 사람들이 별로 관심을 두지 않던 주제를 탐구했어. 바로 밤하늘에서 소용돌이치는 은하들이 얼마나 빠른 속도로 회전하고 있는가였지. 은하 속 별들은 은하 전체의 중력에 붙잡혀 있어. 은하 중심으로부터 거리가 멀어질수록 은하에서 받는 중력의 세기가 약해지지. 얼핏 생각하면 중력이 강한 은하 중심부의 별은 훨씬 빠르게, 중력이 약한 은하 외곽의 별은 훨씬 느리게 돌 것 같아. 루빈도 은하 속 별들이 그렇게 움직이고 있을 거라고 생각했어. 그런데 놀랍게도 실제 관측한 은하 속 별들의 움직임은 그렇지 않았어.

루빈은 가장 먼저 안드로메다은하를 관측했어. 그런데 안드로메다은하 중심에서 많이 벗어난 외곽의 별들도 은하 중심부의 별 못지않게 꽤 빠르게 돌고 있었어. 예측대로라면 은하 중심에서 외곽으로 갈수록 별들의 회전 속도가 느려지고 그래프도 빠르게 내려가는 모양이 되어야 해. 그런데 실제 관측된 결과는 은하 중심에서 외곽으로 가도 그래프가 딱히 내려가지 않고 평평하게 이어졌지. 은하 외곽의 별들이 이렇게 빠른 속도로 돌고 있다면 진작 은하 전체의 중력을 벗어나 은하 바깥으로 튕겨 날아갔어야 할 정도였어. 그런데 이 별들은 분명 은하에 계속 붙잡혀서 궤도를 유지하고 있었지. 그렇다는 건 외곽의 별들이 보기보다 더 강한 은하의 중력으로 붙잡혀 있다는 뜻이야! 분명 사진으로 봤을 때는 은하 외곽으로 가면서 별의 밀도가 빠르게 줄어들고 은하 가장자리는 어두워졌거든. 그래서 은하 외곽에는 질량이 거의 없을 거라고 생각했어. 하지만 은하 중력에 붙잡혀 움직이는 별들의 움직임은 전혀 다른 결과를 보여 주고 있었지.

1968년 루빈은 다시 미국 천문학회에 방문했어. 그리고 이번에 새롭게 발견한 안드로메다은하 속 별들의 빠른 움직임을 소개했지. 하지만 청중의 반응은 잠잠했어. 그런데 딱 한 명, 미국의 원로 천문학자인 루돌프 민코프스키가 다가왔어. 그는 루빈에게 조심스럽게 오늘의 발표 내용을 언제 논문으로 발표할 예정인지 묻고, 다른 사람들이 먼저 발표하기 전에 서두르는 게 좋겠다는 진심 어린 조언을 하고 갔다고 해. 당시에는 오직 그 한 사람만 루빈의 발견이 얼마나 놀라운 비밀을 품고 있는지 꿰뚫고 있었던 거지.

암흑 물질의 존재를 확신케 한 루빈의 연구

이후 루빈은 1978년까지 안드로메다은하뿐 아니라 다양한 은하를 대상으로 비슷한 관측을 계속 진행했어. 그리고 은하 외곽의 별이 대부분 예상보다 빠르게 움직인다는 사실을 확인했지.

이건 안드로메다은하에서만 일어나는 이상 현상이 아니었어. 우주에서 회전하는 모든 은하에서 볼 수 있는 보편적인 현상이었지. 대체 왜 은하들이 이런 이상한 움직임을 보이는 걸까?

그때쯤 또 다른 한편에서는 전혀 다른 스케일에서 루빈과 비슷한 발견이 벌어지고 있었어. 스위스의 천문학자 프리츠 츠비키는 은하들이 여러 개 모여 있는 은하단을 연구했어. 루빈이 하나의 은하 속 별들의 움직임을 관측했다면, 츠비키는 은하단 속 은하들의 움직임을 연구했지. 은하단 속 은하들의 속도 역시 각각의 은하를 붙잡고 있는 은하단 전체 중력으로 결정돼. 따라서 은하들이 얼마나 빠르게 움직이는지를 관측하면 그 은하들을 붙잡고 있는 은하단 전체의 중력, 질량을 알 수 있지. 그런데 재미있게도, 은하단 속 은하들의 움직임도 예상보다 너무 빨랐어. 은하단의 중력에 안정적으로 붙잡혀 있다고 보기 어려운 수준이었지. 하지만 분명 은하들은 은하단을 탈출하지 않고 안정적인 궤도를 유지하고 있었어. 그렇다는 건, 눈으로 보이는 은하들의 질량만 고려했을 때보다 실제 은하단의 질량이 훨씬 무겁

지식 더하기

은하단

수백 개에서 수천 개의 은하들이 중력으로 묶여 있는 대규모 은하 집단.

고 중력이 강하다는 뜻이었어. 그래서 츠비키는 은하와 은하 사이의 텅 빈 공간에 빛을 내지는 않지만 분명 은하단 전체의 중력에 기여하는 미지의 물질이 채워져 있을 거라고 생각했지.

그런데 은하단뿐 아니라 개별 은하 속 더 작은 단위에서까지 비슷한 현상이 발견되었던 거야. 비로소 루빈의 은하 관측 결과가 주목받으면서 사람들은 우주에 정말 빛을 내지 않는 미지의 물질이 존재할지 모른다는 생각을 하기 시작했지. 이후 천문학자들은 이 미지의 물질을 어둠의 물질이라는 뜻에서 '암흑 물질'이라고 부르기 시작했어. 한편 암흑 물질을 제외한 물질, 우리

프리츠 츠비키

눈으로 보이고 빛을 내는 일반적인 물질은 '바리온'이라고 부르지. 우리의 몸, 지구, 태양, 은하 모든 것이 바리온이야. 바리온을 제외한 것이 암흑 물질이고 말이야.

그렇다면 암흑 물질은 우주를 얼마나 많이 채우고 있을까? 놀랍게도 은하들의 움직임을 관측해 보면 은하 전체 질량의 80퍼센트가 암흑 물질로 채워져 있어. 별과 행성, 가스 구름은 은하 전체 질량의 20퍼센트도 안 돼. 겉보기에 은하는 별들이 모인 별무리 같지만 그 실상은 대부분 암흑 물질로 채워진 거대한 암흑 덩어리였던 셈이지.

우주의 보이지 않는 손, 암흑 물질

루빈이 발견한 암흑 물질은 비록 빛을 내지도 않고 눈으로도 볼 수 없는 존재이지만 빅뱅 이후부터 지금까지 우주의 진화를 이끌었어. 초기 우주 때부터 높은 밀도로 뭉쳐 있던 암흑 물질 덩어리를 중심으로 주변에 더 많은 물질이 모여들기 시작했지. 덩어리가 커지면 커질수록 중력은 더 강해지고 더 많은 물질을 빠르게 모을 수 있게 돼. 이렇게 암흑 물질과 주변 가스 물질이 한데 모인 영역을 중심으로 새로운 은하와 은하단이 만들어졌지. 우리가 지금 살고 있는 우리 은하 역시 오래전 주변보다 암흑 물질의 밀도가 더 높았기 때문에 지금 이 자리에 존재하게

베라 루빈 망원경

된 거야. 암흑 물질은 오늘날 우주의 진화를 재현하는 모든 시뮬레이션에 빠지지 않고 등장하고 있어. 이제 암흑 물질 없이는 우주의 진화를 설명할 수 없어. 암흑 물질은 우주의 진화를 주도하는 보이지 않는 손이라고 할 수 있지.

루빈은 2016년 크리스마스에 88세의 나이로 세상을 떠났어. 비록 루빈은 우리 곁을 떠났지만 이제 우리에겐 새로운 루빈이 함께하고 있어. 천문학자들이 칠레의 산꼭대기에 루빈의 이름을 붙인 '베라 루빈 망원경'을 건설했거든. 베라 루빈 망원경에는 지름 8.4미터의 거대한 거울이 들어 있어. 3,200메가픽셀 사진을 찍을 수 있는 고성능 망원경 카메라도 설치되어 있지. 2024년에 완공된 이 망원경은 2025년까지 관측 테스트를 마치고 이후 본격적인 관측 데이터를 수집할 계획이야. 은하들이 어디 있는지 정확한 지도를 그리면서 우주에 얼마나 많은 암흑 물질이 채워져 있는지, 앞으로 우주의 팽창은 얼마나 더 빨라질지 등 암흑 물질과 관련된 새로운 비밀을 계속 더 풀어 나갈 예정이지.

1993년 미국의 클린턴 대통령은 루빈에게 국가 과학상 메달을 직접 수여했어. 그날 루빈의 한 동료는, 50년 전 젊은 시절 루빈의 학회 발표 소식을 소개했던 〈워싱턴 포스트〉의 우스꽝스

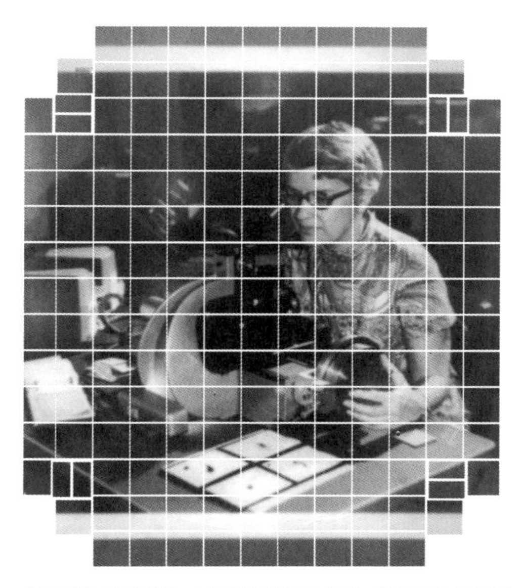

베라 루빈 망원경의 카메라로 촬영한 젊은 시절 루빈의 사진

러운 기사를 패러디해 이렇게 이야기했다고 해.

"늙은 할머니가 과학 메달을 받았다!"

암흑 물질의 새로운 증거, 총알 은하단

암흑 물질은 관측할 수 없고 오직 중력을 통해서만 그 존재를 짐작할 수 있어. 최근 일부 물리학자는 암흑 물질의 존재를 믿기보다는 중력이 작동하는 방식이 거리 단위에 따라 다를 수 있다고 생각해. 지금은 단위에 상관없이 중력은 반드시 거리 제곱에 반비례해서 변화한다고 생각하잖아. 그런데 어쩌면 아주 가까운 단위에서는 거리 제곱에 반비례하다가 거리가 멀어지면 단순히 거리에 반비례하는 식으로 변할 수 있다는 거야. 이런 가설을 수정된 뉴턴 역학Modified Newtonian Dynamics이라는 뜻에서 '몬드MOND'라고 불러. 실제로 루빈이 발견했던 은하 속 별들의 속도 분포를 몬드 가설만으로 설명하는 성과도 있었지. 하지만 아직 많은 천문학자는 암흑 물질 쪽을 지지하고 있어.

특히 몬드 가설만으로는 완벽하게 설명할 수 없는 중요한 관측이 하나 있어. 두 거대한 은하단이 충돌하면서 만들어진 '총알 은하단'이야. 다음 페이지의 사진에서 보라색은 은하단 공간을 채우고 있는 뜨거운 가스 물질을 나타내. 한편 파란색은 은하단 속 암흑 물질의 분포를 보여 줘. 은하단이 자신의 중력으로 주변 시공간을 왜곡하면서 만든 중력 렌즈를 통해 파악할 수 있지. 그런데 재미있는 건 보라색으로 표현된 가스 물질의 분포와 파란색으

총알 은하단의 모습

로 표현된 암흑 물질의 분포가 크게 어긋나 있다는 거야!

원래는 오래전 가스와 암흑 물질을 모두 품고 있던 은하단 두 개가 있었어. 서로의 강한 중력에 이끌려 서서히 충돌했지. 그 결과 서로 열역학적인 상호작용을 할 수 있는 가스 물질은 충돌 면에 정체되면서 찐득하게 반죽되었어. 반면에 은하단 주변 중력 렌즈로 파악한 암흑 물질의 분포를 보면 충돌 면에서 양쪽으로 멀리 벗어나 있어. 이것은 암흑 물질이 유령처럼 충돌 현장을 그대로 빠져나갔기 때문이야. 가스 구름과 같은 일반적인 물질과도 아무런 상호 작용을 하지 않고 그대로 통과하는 미지의 물질이 분명 존재하고 있다는 놀라운 증거지.

충돌 순간을 빠르게 빠져나간 암흑 물질의 중력에 이끌려서 가운데에 정체하고 있던 가스 물질은 뒤따라 끌려가게 돼. 사진의 오른쪽 부분을 보면 뒤따라 끌려가는 가스 물질의 분포 모습이 마치 총알이 날아가면서 생긴 충격파를 옆에서 본 것처럼 생겼지? 그래서 이 은하단을 '총알 은하단'이라고 불러. 두 은하단이 서서히 충돌하는 많은 현장에서 가스 물질과 암흑 물질의 분포가 어긋나 있는 특징이 나타나. 그래서 천문학자들은 총알 은하단이 보여 주는 이 특징이 암흑 물질이 실제로 존재한다는 확실한 증거가 된다고 보고 있어.

세상을_앞질러_간

로켓_덕후

모두가 같은 생각을 할 때
하늘 높이 새로운 가능성을 쏘아 올리는

INTJ

우주여행의 과학적 기초를 세우다

콘스탄틴 치올콥스키

1857 ~ 1935

구소련의 로켓공학자, 물리학자

1957년 10월 4일, 지름 58센티미터의 작은 알루미늄 구슬 하나가 빠른 속도로 하늘을 향해 발사되었어. 그 안에서는 짧은 간격으로 삡삡 하는 소리가 나오고 있었지. 이 구슬은 90분 주기로 지구를 한 바퀴 돌았어. 인류는 지구에 발붙인 채 밤하늘을 가로질러 반짝이며 지나가는 작은 알루미늄 별을 바라봤지. 그날 지구의 절반은 우주까지 뻗어 나간 자신들의 승리를 자축했고, 나머지 절반은 경험하지 못한 새로운 두려움을 느꼈어. 인류 역사상 최초의 인공위성이었던 소련의 스푸트니크 1호가 궤도에 올랐던 순간이었지.

지금은 우주 개발하면 미국이 가장 먼저 떠오르지만, 냉전이 한창이던 20세기까지는 소련도 만만치 않았어. 최초의 인공위성부터 최초로 우주로 올라간 동물과 사람에 이르기까지, 우주 개발 역사에서 거의 모든 '최초' 타이틀은 소련이 거머쥐었지. 사람을 직접 달에 보내는 미국의 아폴로 계획이 성공하기 전까지, 수십 년간 지구에서 가장 빠르게 우주를 정복하고 있던 곳은 미국이 아니라 소련이었어. 그 배경에는 홀로 외롭게 로켓의 미래를 꿈꿨던 몽상가 콘스탄틴 치올콥스키의 노력이 숨어 있지. 최초의 인공위성 스푸트니크 1호, 최초의 우주인 유리 가가린, 달에 발자국을 남겼던 아폴로 계획, 오늘날 태양계 바깥으로 떠나간 보이저 탐사선 등 인류가 지구 바깥으로 날려 보낸 모든 건 치올콥스키의 끈질기고 외로운 연구가 있었기에 가능했던 거야.

마을 도서관에서 우주를 꿈꾸다

치올콥스키는 1857년 당시 러시아 제국의 이젭스코예에서 태어났어. 안타깝게도 그는 열 살이 되던 해 성홍열을 크게 앓으면서 청력을 거의 잃어버렸지. 소리를 잘 듣지 못하게 된 치올콥스키는 학교도 다닐 수 없었어. 열세 살이 되던 해에는 어머니가 세상을 떠났어. 시간을 보낼 곳이 마땅치 않았던 그는 어릴 때부터 도서관에서 홀로 책을 보면서 시간을 보냈다고 해. 아침부터 저녁 늦게까지 종일 마을 도서관에 머물렀지. 특히 물리학과 천문학 책을 좋아했어.

도서관을 집처럼 들락거리던 치올콥스키는 열일곱 살이 되던 해 모스크바의 도서관에서 사서 보조로 일을 하게 되었어. 그리고 바로 이 시기에 그의 세계관에 가장 큰 영향을 끼친 인물을 만나게 되었지. 당시 치올콥스키 못지않게 종일 도서관에 죽치고 앉아 있던 인물이자 19세기 '모스크바의 소크라테스'라 불리던 인물이야. 바로 러시아 현대 철학의 대부 니콜라이 표도로프였어. 매일 도서관에서 시간을 보냈던 치올콥스키는 자연스럽게 표도로프와 가까워졌지. 거의 3년 내내 함께 붙어 다니면서 표도로프의 철학에서 많은 영향을 받았다고 해.

잠깐 표도로프를 소개할게. 그는 단순히 책 속에서만 떠드는 철학 이론에 불만이 아주 많았어. 러시아 제국의 굶주린 인민들의 삶에 실질적인 도움이 될 수 있는 실천이 필요하다고 생각했지. 특히 표도로프는 당시 미국에서 시도했던 인공 강우 실험에 아주 큰 충격을 받았어. 머지않아 인간이 날씨까지 직접 조작하고 자연을 개조하는 시대가 도래할 거라고 믿게 되었지. 기근으로 고통받는 러시아 제국의 인민들을 위해서 태양 빛과 바람에서 직접 에너지를 뽑아내는 새로운 기술을 개발해야 한다는 생각에 빠지기도 했어. 그는 심지어 태양계 행성들의 움직임까지 인간이 제어하는 시대가 올 거라고 기대했지. 우주의 에너지를 이용해 죽은 사람을 되살릴 수 있을 거라는 신비로운 생각을 한 적도 있다고 해.

표도로프의 철학을 러시아의 '우주 철학Cosmism'이라고 불러. 그의 철학에 따르면 사람도 우주적인 관점에선 영원불멸한 존재야. 비록 물질적인 관점에서 생명은 언젠가는 죽지만, 그 사람을 구성하는 원자들은 사라지지 않고 우주에 계속 존재하니까 말이야. 이처럼 그의 철학은 우주와 과학을 바탕으로 한 신비주의적인 성격을 갖고 있었어. 도서관에서 표도로프와 매일 붙어 다녔던 어린 시절의 치올콥스키도 자연스럽게 그의 우주 철학에 빠지게 되었지. 그 영향으로 치올콥스키는 언젠가 인간이 지구의 중력을 벗어나 우주로 날아가는 날이 올 거란 꿈을 꾸기 시작했어.

로켓 과학의 기초를 세우다

치올콥스키는 도서관에서 혼자 공부하면서 검정고시에 합격했어. 이후에는 오랫동안 독학으로 갈고닦은 실력을 발휘해 모스크바 인근 보롭스크에서 고등학교 교사로 근무했지. 정작 본인은 학교에 다니지 못했지만 독학으로 학생들을 가르치는 교사까지 되었다니 정말 그 끈기가 대단하지 않아?

치올콥스키는 고등학교 교사로 일하면서 로켓 기술을 연구했어. 처음에는 공기를 타고 하늘을 나는 비행선의 형태를 구상했어. 그러다가 사람을 하늘 높이 보내려면 먼저 대기의 흐름과 기체에 관한 연구가 필요하다고 생각했지. 치올콥스키는 기체가 어떻게 흘러가는지를 홀로 연구한 방대한 논문, 「기체 이론」을 발표하려고 했어. 그런데 논문을 제출하고 얼마 지나지 않아 당황스러운 소식을 들었어. 그가 혼자 연구한 결과들은 이미 수십 년 전에 다른 과학자들이 밝힌 내용이라는 거야. 학회에서는 철 지난 발견이 담긴 치올콥스키의 논문을 실어 줄 수 없다고 했지. 그가 얼마나 세상과 단절된 채 혼자서 외롭게 연구했는지를 보여 주는 대표적인 사건이기도 해.

하지만 그는 포기하지 않았어. 그리고 그때부턴 오히려 시대를 앞서 나가는 연구를 하기 시작했지. 당시까지만 해도 하늘을 나는 건 비행선만 가능하다고 생각했어. 그리고 비행선은 최대한 가벼운 재료로 만들어야 한다고 생각했지. 하지만 치올콥스키는 금속으로 만든 비행선도 하늘에 뜰 수 있을 거라고 생각했어. 1892년, 그는 금속 비행선에 관한 아이디어를 「조작 가능한 금속 풍선」이라는 제목으로 발표했지. 하지만 당시까지만 해도 과학자들의 반응은 차가웠어. 다들 현실성이 전혀 없는 몽상일 뿐이라고 생각했거든.

1896년이 되면서 치올콥스키의 상상은 한 단계 더 나아갔어. 이제 그는 지구 대기권의 그 어떤 도움도 받지 않고 우주 공간을 날아가는 새로운 비행선을 고민하기 시작했어. 생각해 봐. 라이트 형제가 최초의 동력 비행기를 타고 12초의 짧은 비행에 성공했던 게 1930년이야. 그런데 치올콥스키는 인류가 하늘을 날기도 전에, 아니 잠깐 점프하기도 전에 지구의 하늘을 벗어나 우주를 누비는 상상을 했던 거야!

치올콥스키가 상상했던 우주선의 모습에 가장 큰 영감을 주었던 작품이 있어. 바로 프랑스 작가 쥘 베른의 SF 소설 《지구에서 달까지, 97시간 20분의 직행 경로》야. 이 소설 속에서 사람들은 기다란 대포로 달을 겨냥한 채 포탄 모양의 우주선을 하늘로 발사해. 그 안에 타고 있는 사람들은 단숨에 달까지 날아가지. 치올콥스키는 이 아이디어가 흥미로웠지만 단순히 이런 방식만

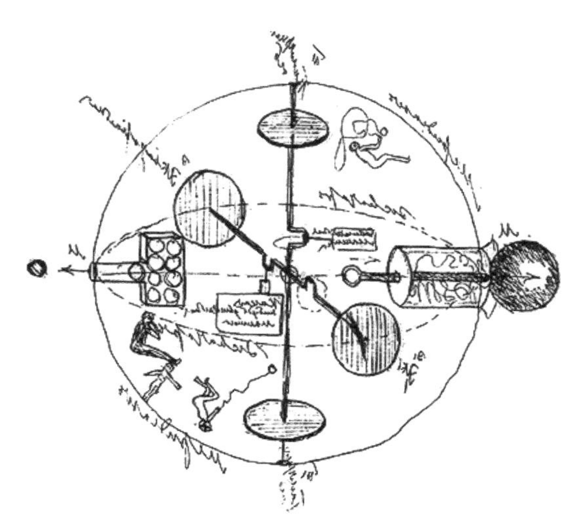

치올콥스키가 그린 둥근 금속 우주선의 모습

으로는 달까지 안전하게 도착할 수 없다고 생각했어. 고체 화약을 한 번에 태워서 강한 폭발을 일으키는 방식은 위험해 보였거든. 순식간에 아주 강한 힘이 가해지면 안에 타고 있는 사람들의 뼈가 다 으스러지고 말 테니까. 치올콥스키는 고체 연료가 아닌 액체 연료를 써야 한다고 생각했어. 한꺼번에 모든 연료를 다 태워 버리는 게 아니라 조금씩 연료의 양을 조절하면서 속도를 천천히 올려야 한다는 놀라운 생각을 하게 된 거지.

치올콥스키는 미사일이 날아가는 원리를 활용하면 로켓을 우주로 날릴 수 있다고 생각했어. 미사일은 그 안에 들어 있는 연료가 타면서 뒤로 가스를 배출해. 연료가 배출되는 반대 방향으로 미사일은 빠르게 힘을 얻지. 모든 물체는 힘을 가하면 정반대 방향으로 같은 힘을 받게 된다는 '작용 반작용의 법칙'을 활용한 거야. 치올콥스키는 미사일처럼 기다란 통 안에 연료를 넣고 빠르게 태우면서 뒤로 에너지를 내뿜게 할 수만 있다면 충분히 빠른 속도로 힘을 얻어 하늘로 올라갈 수 있다고 생각했어. 정확하게 오늘날에도 쓰이고 있는 로켓의 가장 기본적인 원리야!

그렇다면 로켓에는 얼마나 많은 연료를 실어야 할까? 무작정 연료를 많이 채우는 것도 좋지만은 않아. 연료가 너무 많이 들어가면 로켓이 무거워지거든. 무거운 로켓을 움직이려면 더 많은 에너지가 필요하게 돼. 그러면 또 더 많은 연료를 채우게 되고, 로켓은 더 무거워지지. 돌고 도는 문제에 빠져 버리는 거야. 그래서 속도를 충분히 올릴 수 있으면서 로켓이 지나치게 무거워지지 않는 절묘한 연료의 양이 필요해. 게다가 로켓은 날아가는 동안에도 계속 연료를 태우기 때문에 로켓의 무게와 속도가 계속 변해. 이런 이유로 로켓의 속도와 무게를 계산하기가 만만치 않아. 그런데 1897년 5월 10일, 치올콥스키는 끈질긴 연구 끝에 로켓의 속도와 무게의 복잡한 변화를 아주 간단하게 계산할 수 있는 미분 방정식을 만들어 냈어. 치올콥스키가 만든 로켓 방정식은 오늘날 로켓을 만들 때 꼭 빠지지 않고 등장하는 기본 중의 기본이야.

지구 바깥을 꿈꾼 최초의 과학 연구

1898년 치올콥스키는 로켓 방정식의 결과를 담은 「로켓 추진 장치를 활용한 우주 공간 탐사」를 학회에 제출했어. 오늘날 로켓의 개념을 가장 처음으로 정립했다고 평가받는, 우주 개발 분야의 역사적인 논문이지. 이 논문에서 그는 로켓이 지구 주변을 계속 돌려면 초속 8킬로미터 이상의 속도로 움직여야 한다는 흥미로운 계산 결과를 제시했어. 그리고 그 정도로 빠른 속도를 만들려면 추진체 하나만 갖고는 어려울 거라 짐작했지. 그 대신 액체 산소와 액체 수소를 활용한 추진체를 여러 개 연달아 붙이고, 이를 우주 공간에서 분리시키면서 속도를 얻는 다단계 로켓이 필요할 거라고 상상했어. 오늘날에 흔하게 쓰이고 있는 2단 로켓, 3단 로켓의 아이디어를 처음으로 떠올린 거야.

시대를 앞서 나간 놀라운 연구 결과에도 불구하고, 치올콥스키의 논문은 여전히 학계에서 무시를 받았어. 대학에서 연구하는 과학자도 아니었고, 모스크바 주변의 한 작은 마을에서 고등학교 교사로 일하던 사람이 쓴 논문이었기 때문에 더 그랬지. 실제로 치올콥스키가 학회에 논문을 보냈을 때도 처음에 학회 편집자는 누가 장난으로 보낸 논문이라고 생각했대. 그런데 아무리 살펴봐도 과학적으로 잘못된 점을 찾을 수 없었던 거야. 주변의 다른 과학자들에게까지 도움을 청해서 과학적 오류를 찾아 달라고 할 정도였지. 하지만 누구도 별다른 오류를 찾지 못했어. 결국 5년이나 지난 후인 1903년, 로켓의 개념을 새롭게 정립한 치올콥스키의 논문이 학회지에 실릴 수 있었어.

치올콥스키는 금속으로 만든 우주선이 하늘을 날 수 있다는 걸 입증하고 싶었어. 그래서 직접 우주선의 모형을 만들기까지 했어. 한쪽으로 강한 바람을 일으켜 그 안에서 우주선이 어떻게 움직이는지를 실험하는 장치였지. 1914년에는 다양한 모형을 직접 만들어서 금속으로 만든 우주선도 날 수 있다는 걸 보여주기도 했어. 하지만 당시 러시아 제국의 많은 과학자는 여전히 금속으로 만든 우주선은 너무 무거워서 하늘로 올라갈 수 없다고 생각했어.

이때 치올콥스키는 다른 과학자들의 차가운 반응뿐만이 아니라 개인적인 악재 때문에 힘들고 외로운 시기를 보냈을 거야. 1892년에 막내아들이 태어났지만 1년 만에 병으로 세상을 떠났어. 1902년에는 또 다른 아들 이그나티가 스스로 목숨을 끊는 비극이 벌어졌지. 1908년에는 모스크바에서 내린 폭우로 인근의 강이 범람하면서 치올콥스키의 연구 노트가 다 떠내려가 버리고 말았어. 실험 기구들도 대부분 망가졌지. 1911년에는 그의 첫

1913년, 직접 개발한 비행선 모형과 함께 서 있는 치올콥스키

째 딸 류보프가 러시아 혁명 운동에 가담했다는 혐의로 체포되는 일도 벌어졌어. 가족들의 상황은 점점 나빠졌지. 어느덧 60세의 나이가 되었지만 치올콥스키는 여전히 가족들을 가난에서 벗어나게 하려고 열심히 일해야 했어. 견디기 어려운 비극이 반복되면서, 치올콥스키는 더욱 연구실에서 혼자만의 시간을 보냈지.

오랜 연구 끝에 1911년 치올콥스키는 먼 우주까지 여행하는 방법에 관한 논문을 발표했어. 이전 논문은 단순히 지구 주변을 맴도는 우주선에 관한 것이었다면, 새로운 논문은 더 빠른 속도로 아예 지구를 벗어나 다른 행성까지 날아가는 우주여행에 관한 내용이었어. 지구 중력을 벗어나려면 필요한 최소한의 속도인 '탈출 속도'에 관한 개념도 처음으로 정립했지. 역사상 최초로 지구 바깥의 다른 행성을 탐사할 가능성을 다룬 과학 연구였어. 이때부터 주변 과학자들도 치올콥스키의 진심에 공감하기 시작했어. 드디어 학계에도 이 끈질긴 로켓 덕후, 치올콥스키의 이름이 알려졌지.

소련이 사랑한 과학자

1917년 러시아에서는 연이어 두 번의 혁명이 벌어졌어. 나라의 주인이 계속 뒤바뀌는 혼란스러운 상황이 이어졌지. 이때 치올콥스키의 운명에도 큰 변화가 찾아왔어. 러시아 제국은 무너졌고, 아주 잠깐 존재했던 러시아 공화국도 곧바로 붕괴했지. 그리고 소비에트 연합(소련)이 건국되었어. 이 시기에 사람들 사이에서는 과학 기술을 통해 인민의 삶을 부흥시켜야 한다는 새로운 움직임이 퍼지기 시작했어. 치올콥스키도 그 움직임에 동참했지. 특히 새롭게 건설된 소련의 지도자들은 오랫동안 과학자들 사이에서 무시당하던 치올콥스키의 연구에 주목했어. 사람을 태우고 지구 바깥으로 날아가는 우주선은 전쟁 무기로도 활용될 수 있는 무시무시한 가능성을 품고 있었으니 말이야.

치올콥스키의 연구 결과에서 무궁무진한 가능성을 엿본 소련 정부는 1918년 그를 사회주의 과학자 아카데미의 정식 회원으로 선출했어. 그리고 오랫동안 홀로 외롭게 연구했던 치올콥스키에게 전폭적인 지원을 약속했어. 이전에는 제대로 된 대학의 연구자가 아니었기 때문에 무시당했지만, 소련 정부에는 오히려 그 점이 큰 매력이었어. 고등 교육을 받은 부르주아 출신의 과학자가 아니라, 아무런 배경 없이 독학으로 연구한 평범한 교사 출신의 과학자는 사회주의와 너무나 잘 어울렸지. 특히 서방 세계의 교육을 받지 않고서도 이런 위대한 과학자가 탄생할 수 있다는 점은 사회주의를 홍보하기에 더없이 좋은 모델이었어. 예기치 못한 역사의 소용돌이 덕에, 그는 60세가 넘는 나이가 되

소비에트 농민과 노동자들 사이에 둘러싸여 있는 치올콥스키

어서야 국가와 인민 모두가 존경하는 스타 과학자가 되었어. 얼마 지나지 않아 1935년에 위암으로 세상을 떠나는 순간까지 그는 언젠가 인간이 우주에 가게 되는 날을 꿈꾸며 로켓 연구에 매진했지.

지구라는 안락한 요람 바깥을 향해

안타깝게도 치올콥스키는 역사상 처음으로 인간이 만든 인공 물체가 지구 바깥 궤도를 도는 순간을 보지는 못했어. 최초의 인공위성 스푸트니크 1호는 그가 세상을 떠나고 25년이 더 지난 뒤에 올라갔으니까. 치올콥스키가 실제 우주로 올라간 로켓을 제작한 적은 없어. 그가 했던 모든 연구는 오로지 로켓의 수학적 기틀을 닦는 것들이었지. 하지만 그의 발견들 덕분에 인류는 더 적은 시행착오를 겪으면서 우주여행의 꿈을 실현할 수 있었어. 만약 그의 연구가 없다면 우리는 아무런 설계 없이, 맨땅에 헤딩하는 기분으로 로켓 발사 실험만 해야 했을지도 몰라. 뭐가 잘못된 건지도 모르는 채로 말이야.

치올콥스키는 로켓에 관한 다양한 지식뿐 아니라, 오늘날 우주여행에서 쓰는 여러 현대적인 개념도 정립했어. 우주를 비행하는 우주선의 방향을 돌리는 일은 아주 어려워. 공기가 없다 보니 날개를 돌린다고 해서 방향을 틀 수 없거든. 치올콥스키는 우주선 안에 커다란 바퀴를 넣어 두고 그것을 돌리면 바퀴가 돌아가는 반대 방향으로 우주선이 돌아간다고 생각했어. 이것은 정확하게 오늘날 많은 우주선에서 쓰고 있는 '자이로 휠'의 개념이야. 또 그는 지구 바깥으로 날아간 우주선이 다시 지구 대기권을 뚫고 돌아올 때 아주 뜨거운 대기권의 압축열을 버텨야 한다는 사실을 알고 있었어. 그래서 대기권을 뚫고 다시 진입할 때 뜨거운 온도를 버티기 위해 특수한 보호 소재가 필요하다고 생각했지. 로켓에서 연료가 분출되는 속도를 효과적으로 제어하는 나팔 모양의 노즐을 고안하기도 했어.

치올콥스키가 상상했던 미래의 모습 중 아직 실현되지 못한 것이 있어. 지구에서 우주로 곧바로 올라가는 우주 엘리베이터야. 1880년대, 프랑스 파리에 에펠탑이 건설된다는 소식을 들은 치올콥스키는 하늘 높이 건물을 세울 수 있다면 엘리베이터만으로도 우주 궤도에 도달하는 더 쉽고 저렴한 방법도 가능할 거라 생각했지. 지금도 많은 과학자가 연구하고 있는 우주 엘리베이터라는 개념을 그 옛날에 떠올린 거야.

이런 치올콥스키의 놀라운 업적을 기념하려고 천문학자들은 달 뒷면에 그의 이름을 남겼어. 달 뒷면 남반구에는 지름 180킬로미터의 커다란 크레이터 하나가 움푹 파여 있어. 이곳에 치올콥스키 크레이터라는 이름을 지어 준 거야. 재미있게도 바로 그 옆에 있는 또 다른 작은 크레이터에는 역사상 처음 지구 저궤도를 돌고 무사히 지구로 돌아오는 데 성공했던 우주인 유리 가가린의 이름을 붙여 주었지. 아쉽게도 지구에서는 치올콥스키 크레이터를 직접 볼 수 없어. 지구에서는 달 앞면만 볼 수 있거든. 그런데 달 뒷면에 그의 이름을 새겨 준 건 아주 탁월한 선택이 아니었을까? 더 머나먼 우주를 꿈꾼 치올콥스키라면 달 뒤에 가려진 깜깜한 우주를 보고 싶었을 테니 말이야.

치올콥스키는 타임머신을 타고 미래에서 왔던 게 아닐까 싶을 만큼 시대를 앞서 나간 다양한 아이디어를 많이 남겼어. 지구

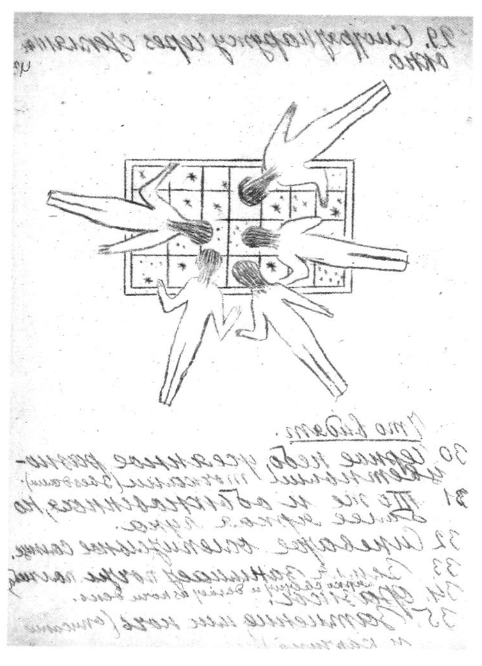

무중력인 우주선 안의 탑승객들을 그린 치올콥스키의 스케치

주변을 도는 인공위성의 형태부터, 태양계 행성을 탐사하는 탐사선에 이르기까지. 그 속에는 우주에 대한 치올콥스키의 순수한 꿈과 끈질긴 집착이 고스란히 담겨 있어. 지구 반대편에서 펼쳐지는 축구 경기를 생중계로 볼 수 있는 것도, 제임스 웹 우주망원경이 관측한 아름다운 우주 사진을 방에서 편하게 감상할 수 있는 것도 모두 치올콥스키 덕분에 가능한 셈이지. 그는 거의 평생을 인정받지 못한 채 비좁은 작업실에 갇혀 지냈지만, 이제

그가 남긴 흔적은 태양계 너머 성간 우주까지 누구보다 가장 넓은 세상을 향해 퍼져 가고 있어.

태양 빛으로 나아가는 새로운 우주선

100년 전의 배에는 있었지만 지금의 배에선 사라진 것은 무엇일까? 바로 돛이야. 흥미롭게도 21세기 천문학자들은 15세기 바다 항해사가 활용하던 돛으로 태양계 바깥의 또 다른 별로 가는 방법을 고민하고 있지.

지구에서는 바람을 활용해서 돛을 밀 수 있어. 그런데 우주에서는 무엇이 돛을 움직이게 할 수 있을까? 바로 태양이야. 태양이 내보내는 빛은 모두 에너지를 품고 있거든. 그래서 빛을 오랫동안 쬐면 그 에너지에 밀리는 일종의 압력을 받게 돼. 이런 압력을 '광압'이라고 해. 지구 표면에서는 1평 면적에서 모래알 두세 개 무게만큼의 아주 작은 광압이 작용하지.

빛의 입자인 광자 하나하나가 미치는 광압은 아주 미약해. 하지만 태양에서 쏟아지는 광자의 수는 엄청 많아. 또 오랜 시간 동안 계속해서 광압을 받으면 그 효과는 더 커지지. 우주 공간에 있는 납작한 쟁반을 향해 계속 비비탄 총알을 쏜다고 생각해 봐. 총알 하나만 부딪쳤을 때 쟁반이 밀리는 정도는 아주 작아. 하지만 쟁반을 더 크게 만들어서 같은 시간 동안 더 많은 수의 총알이 부딪치게 된다면 쟁반이 밀리는 정도도 조금씩 커질 거야. 천문학자들은 아주 거대하고 얇은 우주 돛을 만들어서 태양의 광압을 받게 한다면 우주 공간을 빠르게 항해할 수 있다고 생각해. 우주 버전의 새로운 대항해 시대를 꿈꾸는 거야.

2015년, 실제로 광압을 활용해 우주 항해를 하려는 시도가 시작되었어. 아주 작고 가벼운 큐브 위성이 우주에 올라가서 접어 놓았던 거대한 우주 돛을 펼쳤어. 그 전체 면적은 32제곱미터에 달했지. 이 프로젝트는 빛을 받아 우주를 항해한다는 뜻에서 라이트 세일light sale이라고 불러. 이후 2019년에 라이트 세일 2호가 스페이스 X의 팰컨 헤비 로켓에 실린 채 우주로 올라갔어. 놀랍게도 라이트 세일 2호는 태양 빛을 받으면서 가속도가 증가했어. 광압만으로 우주선을 밀어 보낼 수 있다는 가능성을 보여 주었지!

천문학자들은 더 빠르게 우주선을 가속할 방법을 고민하고 있어. 아예 지구에서 인공적으로 거대한 레이저 발사 기지를 만들어서 우주로 올라간 우주 돛에 고출력의 레이저 빔을 쏘면 어떨까? 이 아이디어는 이론적으로 충분히 실현 가능하고, 무려 광속의 30퍼센트까지 우주선을 가속할 수 있대. 실제로 인류는 앞으로 50년 안에 우주 돛을 활용해 태양계 바깥의 다른 별로 우주선을 날려 보내는 스타샷 프로젝트를 준비하고 있어.

천문학자들은 이 스타샷 프로젝트를 통해 태양계 바깥에서 다른 별 곁을 도는 외계 행성의 모습을 사진으로 담길 기대하고 있어. 만약 촬영한 외계 행성의 표면에 대륙과 바다가 존재한다면, 외계 생명체가 존재한다는 빼도 박도 못하는 증거가 되겠지!

라이트 세일 2호

더_큰_꿈을_꾼

천문학자들의_전설

냉철한 리더십으로 무장한 채
목표를 향해 성큼성큼 나아가는

ENTJ

8

허블 우주 망원경 계획을 이끌다

낸시 그레이스 로먼

1925 ~ 2018

미국의 천문학자

2021년 12월 25일, 천문학자들은 뜻깊은 크리스마스 선물을 받았어. 오랫동안 기다렸던 제임스 웹 우주 망원경이 발사된 거야. 아리안 로켓에 실린 제임스 웹 우주 망원경은 무사히 최종 궤도에 도착했어. 그리고 그다음 해 7월부터 본격적인 관측 사진을 보내왔지. 130억 년 전 빅뱅 직후의 순간처럼 이전까지 볼 수 없었던 우주의 모습을 선명하게 보여 주기 시작한 거야. 인류의 천문학을 제임스 웹 우주 망원경 이전과 이후로 나눌 수 있을 정도로 수많은 발견이 지금도 쏟아지고 있어. 오히려 이제는 너무나 많은 우주 망원경이 지구 대기권 바깥에서 선명하게 우주를 관측하고 있지. 그 시작이 된 우주 망원경이 바로 '허블 우주 망원경'이야.

불과 수십 년 전까지만 해도 허블 우주 망원경처럼 우주에 망원경을 띄우는 건 불가능하다고, 그런 일을 시도하는 건 돈 낭비라고 여겨졌어. 어떻게 해서든 우주 망원경을 띄우려고 하는 요즘과 비교하면 정말 달랐지. 미국 항공 우주국NASA의 많은 과학자와 미국 의회는 허블 우주 망원경의 예산을 삭감하려 했고 프로젝트 성공에 부정적이었어. 하지만 단 한 명, 낸시 그레이스 로먼은 끈질기게 우주 망원경의 필요성을 주장했어. 결국 그의 진심이 추진력이 되어 허블 우주 망원경을 실은 우주 왕복선이 힘차게 우주로 올라갈 수 있었어. 그리고 이전까지 볼 수 없었던 선명한 우주의 모습을 보여 주며 로먼이 옳았음을 증명했지.

새로운 차원의 천문학을 꿈꾸다

로먼은 1925년 지구물리학자였던 아버지와 음악 선생님이었던 어머니 사이에서 태어났어. 특히 어머니는 로먼과 함께 다양한 자연을 체험하는 시간을 즐겼어. 로먼은 산책하면서 나무와 새를 관찰했고, 밤에는 하늘의 별자리에 관한 이야기를 들었어. 별자리 이야기를 아주 좋아한 로먼은 초등학교에서 친구들과 직접 천문학 책을 읽고 토론하는 동아리를 만들기도 했지. 그리고 언젠가 우주를 연구하는 천문학자가 되고 싶다는 다짐을 했어. 하지만 주변 선생님들의 시선은 좋지 않았어. 당시까지만 해도 여학생이 천문학, 물리학을 전공한다는 건 있을 수 없는 일이었거든. 심지어 어떤 선생님은 물리학 대신 라틴어를 공부하는 게 더 어울린다고 이야기할 정도였지. 하지만 우주를 꿈꾸는 로먼의 열정은 꺾이지 않았어.

1949년 시카고 대학교에서 천문학 박사 학위를 마친 로먼은 여키스 천문대에서 연구를 시작했어. 별의 스펙트럼을 분석하는 일이었지. 그런데 그곳에서 로먼은 참담한 현실을 직면했어. 천문대에서 정규직으로 일하는 여성을 한 명도 찾을 수 없었거든. 게다가 똑같은 박사 학위를 갖고 있어도 남성보다 훨씬 적은 임금을 받아야 했지. 당시 연구소 소장을 맡고 있던 사람이 찬드라세카르야. 로먼은 그에게 자신이 박사 학위가 없는 남성 근로자보다 낮은 임금을 받고 있다며 불평등을 호소했어. 그런데 찬드라세카르는 이렇게 이야기했다고 해.

"우리는 여성을 차별하는 게 아닙니다. 단지 더 적은 임금으로 여성을 고용할 뿐입니다."

본인도 피부색을 이유로 영국과 미국에서 부당한 차별을 당했지만, 정작 여성에 대한 차별은 인식하지 못했던 셈이지. 결국 여키스 천문대에서 미래를 찾을 수 없겠다고 생각한 로먼은 직장을 다른 곳으로 옮겼어. 미국 해군 연구소에서 전파천문학과 관련된 일을 하기 시작했지. 그런데 1958년에 NASA가 설립된 거야. 해군 연구소를 비롯한 여러 연구 기관의 과학자들이 NASA에 합류하게 되었지. 로먼도 그중 한 명이었어. 로먼은 소속을 옮기며 드디어 더 큰 규모의 천문학 프로젝트를 할 수 있겠다는 꿈을 꾸기 시작했어.

이때쯤 천문학자들 사이에서는 흥미로운 프로젝트가 논의되고 있었어. 망원경을 땅이 아닌 우주 궤도에 올려서 우주를 관측한다는 프로젝트였지. 지상에서는 아무리 좋은 망원경으로 우주를 보더라도 지구 대기권의 방해를 받을 수밖에 없어. 날씨가 흐리면 관측을 할 수 없고, 날씨가 좋더라도 대기의 난류 때문에 별빛이 일렁거리는 것처럼 보이지.

게다가 지구 대기권은 눈으로 볼 수 있는 가시광선과 파장이 아주 긴 전파를 제외한 모든 종류의 빛을 흡수하거나 차단해. 지상 망원경만으로는 적외선, 자외선, 엑스선, 감마선과 같은 다양한 빛으로 우주를 볼 수 없는 이유야. 이런 한계를 극복하려면 방법은 하나뿐이야. 땅에 박혀 있는 망원경을 뜯어서 아예 지구 대기권 바깥으로 올리는 거지.

하지만 당시 NASA의 모든 인력과 자원은 모두 아폴로 계획에 쏠려 있었어. 소련보다 앞서서 달에 사람 발자국을 남겨야 한다는 목표에 모두가 관심을 쏟고 있었지. 그 밖의 분야에는 지원이 훨씬 적었어. 그리고 지지할 곳 없이 우주 한복판을 둥둥 떠다니는 우주 망원경을 과연 효율적으로 제어하고 관측할 수 있을지 많은 사람이 의심했어.

하지만 로먼은 우주 망원경이 전혀 다른 수준의 천문학을 가능하게 할 거라는 확신이 있었어. 대기권의 방해를 받지 않은 선명한 관측이 가능하다면 이전까지는 볼 수 없었던 우주의 모습을 자세히 확인할 수 있을 거라 봤지. 로먼은 적은 예산 안에서 당장 실현할 수 있는 간단한 계획부터 차근차근 준비했어. 우선 로먼과 동료들은 우주에서 태양을 관측하는 기초적인 망원경을 디자인했고, 발사까지 성공했지. 첫 시도로 태양 망원경을 선택한 건 가장 쉽기 때문이야. 태양은 하늘에서 가장 밝은 천체지. 그래서 태양을 조준해서 관측하는 건 기술적으로 간단했어. 태양 망원경으로 우주 망원경의 실현 가능성을 점검하려고 했던 거야. 이후 우주 망원경의 원형이라고 볼 수 있는 궤도 천문 망원경도 성공적으로 발사했어. 다만 이때 올라간 우주 망원경은 모두 자외선 파장으로 우주를 보는 망원경이었어.

그렇다면 가시광선 파장으로 우주를 보는 망원경은 어떤 풍경을 보여 줄까? NASA의 또 다른 천문학자 라이먼 스피처는 지름 약 4미터 정도의 거울이 들어간 거대한 우주 망원경이라면 아주 뛰어난 가시광 관측이 가능하다고 분석했어. 로먼은 본격적으로 가시광선 우주 망원경을 위한 예산을 모으기 시작했지. 하지만 아폴로 계획에 이미 거금을 투자한 NASA와 미국 의회는 한동안 예산을 아끼려고 했어. 우주 망원경의 지름을 1.5미터로 확 줄여 버리려 했지. 하지만 로먼은 여기저기를 바쁘게 오가며 여러 과학자와 엔지니어, 의원들을 설득했어. 결국 허블 우주 망원경에 들어갈 거울의 지름을 2.5미터로 정하기로 타협을 봤지. 당시 의회에서 로먼은 이렇게 이야기했다고 해.

"모든 미국인이 하룻밤 영화관에서 쓸 돈만 낸다면, 미국인 모두가 15년간 환상적인 발견을 볼 수 있을 겁니다."

하지만 로먼의 당찬 약속은 틀렸어. 허블 우주 망원경은 15년이 아니라 30년 넘도록 놀라운 발견을 계속 보여 주고 있으니까 말이야.

허블 우주 망원경의 어머니

끈질긴 설득 끝에 1971년, 로먼은 허블 우주 망원경을 설계하고 제작할 연구팀을 꾸릴 수 있었어. 이 팀은 오늘날 허블뿐 아니라 제임스 웹을 비롯한 모든 우주 망원경을 관리하는 '우주 망원경 과학 연구소'의 전신이야.

로먼이 허블 우주 망원경의 설계 과정에서 이루어 낸 가장 중요한 업적이라면 바로 우주 망원경의 이미지 관측 센서에 당시 최신 기술을 접목했다는 점이야. 이전까지 지상 망원경 관측은 모두 빛을 받으면 반응하는 특수한 약품을 바른 유리 건판을 사용했어. 그다음에는 금속에 빛이 들어오면 전자가 튀어나오는 원리를 활용한 광전자 증배관이라는 초보적인 센서를 사용했지. 하지만 이것들은 우주 망원경에 들어가기 적합하지 않았어. 그런데 이때 아주 중요한 발명품이 만들어졌어. 바로 전하 결합 소자CCD야. 반도체에 빛을 쬐어 주면 전자가 튀어나오는데 그 전자의 개수로 빛의 신호를 디지털 신호로 바꿀 수 있어. 오늘날 디지털카메라, 스마트폰 카메라의 센서와 똑같은 원리로, 디지털 사진의 시대를 연 기술이야.

당시까지만 해도 CCD는 이제 막 나온 불안한 신기술이었어. 많은 천문학자가 검증되지 않은 기술을 우주 망원경에 접목하는 것이 위험하다고 생각했지. 하지만 로먼은 CCD야말로 우주 망원경에 가장 잘 어울리는 이미지 관측 방식이라고 생각했어. 그렇게 또 끈질긴 설득 끝에 결국 허블 우주 망원경은 최초로 CCD가 탑재된 우주 망원경이 되었지. 이후 모든 우주 망원경에는 CCD가 들어가고 있어. 그리고 바로 이 시기, 동료들은 허블 우주 망원경의 전반적인 모양과 구성을 만든 로먼에게 '허

지구 주변을 맴도는 허블 우주 망원경

블의 어머니'라는 유명한 별명을 지어 주었지.

우주 망원경 수리 대작전

허블 우주 망원경은 1970년에서 1980년 사이에 발사될 예정이었어. 하지만 여러 번 발사가 지연되었지. 특히 1986년 12월 벌어진 우주 왕복선 챌린저호의 폭발 참사로 한동안 NASA의 모든 우주 발사 일정 자체가 중단되었어. 시민 사회와 의회에서도 우주 개발에 대한 안 좋은 여론이 생기고 있었지. 허블 우주 망원경의 발사도 예정대로 진행되지 못한 채 계속 미뤄졌어. 오랜 기다림 끝에 1990년이 되어서야 허블 우주 망원경은 무사히 궤도에 올라갔어. 드디어 망원경은 덮개를 열고 빛을 모으기 시작했지. 그렇다면 허블 우주 망원경은 우주에 올라가자마자 놀라운 장면을 보여 주었을까?

천문학자들은 허블 우주 망원경이 보내온 첫 번째 사진을 보고 큰 충격을 받았어. 긍정적인 방향이 아니라 부정적인 방향으로 말이야. 기대했던 것과 달리 허블 우주 망원경의 사진은 엉망이었거든. 당황스럽게도 허블 우주 망원경에 들어간 거울이 잘못 제작된 거였어. 원래 설계대로라면 포물선 모양으로 움푹하게 깎인 오목 거울이 들어가야 했는데 단순히 둥글게 깎인 거울이 들어갔던 거야. 하지만 긴 시간과 모두의 노력이 담긴 허블 우주 망원경이 그대로 우주 쓰레기가 되도록 내버려둘 수는 없었지.

다행히 허블 우주 망원경은 지구 저궤도를 도는 일종의 인공위성이기도 했어. 우주 왕복선을 타고 사람이 오고 갈 수 있는 정도의 거리에 있었지. 천문학자들은 우주인을 보내서 허블 우주 망원경을 되살리는 수리 작업을 하기로 했어. 이 다급했던 순간에도 중요한 의사 결정 때마다 로먼은 아주 냉철한 리더십을 보여 주었지.

1993년 역사상 가장 위험하고 대담한 첫 우주 망원경의 수리가 진행되었어. 우주인들은 지구에서 갖고 올라간 보정 렌즈를 허블 우주 망원경에 끼워 넣었지. 망원경의 컴퓨터도 업그레이드하고 다양한 부품을 교체했어. 그렇게 수리가 끝나고 나서 다시 확인한 허블의 시야는 훨씬 나아졌어. 왜 우주 망원경이 필요했는지 입증할 수 있을 만큼, 지상 망원경보다 훨씬 선명하고 아름다운 우주의 모습을 담아냈지. 비로소 우주 망원경의 새로운 시대가 열리는 순간이었어.

허블 우주 망원경이 열어젖힌 세계

지난 30년간 허블 우주 망원경은 우리에게 다양한 우주의 모습을 보여 주었어. 거대한 은하단의 중력으로 주변 시공간이 왜곡되면서 만들어진 배경 우주의 중력 렌즈 허상은 물론이고, 어린 별과 행성이 갓 탄생하고 있는 현장, 진화가 끝난 별들이 장엄한 최후를 맞이하는 현장도 확인할 수 있었지. 태양계 바깥, 외계 생명체가 존재할지도 모르는 외계 행성의 모습까지도 흐릿하게 보여 주었고 말이야.

허블 우주 망원경의 가장 위대한 업적을 꼽으라면 허블 딥 필드를 이야기할 수 있을 거야. 천문학자들은 얼핏 봤을 때는 아무것도 없는 것처럼 보이는 깜깜하고 작은 하늘을 허블 우주 망원경으로 겨냥했어. 우리가 하늘을 향해 한쪽 팔을 쭉 뻗었을 때

허블 우주 망원경의 딥 필드 이미지

팔 끝에 놓인 바늘구멍만큼 좁은 하늘이었지. 그런데 허블 우주 망원경은 그 좁은 하늘 속에서 수만 개가 넘는 은하를 포착했어. 모두가 우주의 끝이라고 생각했던 암흑은 사실 더 머나먼 우주로 나아가는 관문일 뿐이었던 거야. 허블 우주 망원경의 놀라운 성공 이후로 이제 우주 망원경은 현대 천문학의 일상이 되었어. 앞에서 말했듯, 2021년에는 허블 우주 망원경보다 두 배 더 거대한 거울로 만들어진 제임스 웹 우주 망원경이 우주에 올라갔지. 이제 우리는 더 머나먼 우주의 모습을 볼 수 있게 되었어.

로먼은 2018년에 세상을 떠났어. 레고 그룹에서는 로먼을 기념해 그녀의 레고 인형을 만들기도 했어. 허블의 어머니였던

제임스 웹 우주 망원경의 제작을 지켜보고 있는 노년의 로먼

로먼은 이제 다음 우주 망원경의 주인공이 될 예정이야. NASA가 제임스 웹의 뒤를 이은 더 강력한 우주 망원경을 또 준비하고 있거든. 허블 우주 망원경보다도 200배나 더 넓은 시야로 우주를 관측하는 망원경으로, '낸시 그레이스 로먼 우주 망원경'이라는 이름을 갖고 있어. 2026~2027년 사이에 스페이스X의 로켓을 타고 우주로 올라갈 예정이야.

안타깝게도 에드윈 허블이 죽은 후에야 허블 우주 망원경이

허블 우주 망원경(흰색)과 낸시 그레이스 로먼 우주 망원경(분홍색)의 시야를 비교한 그림

우주로 올라갔듯이, 로먼도 낸시 그레이스 로먼 우주 망원경이 우주에 올라가는 것을 볼 수는 없게 되었어. 하지만 지구에 남아 있는 우리가 허블 우주 망원경을 통해 허블을 잊지 않고 기억하는 것처럼, 낸시 그레이스 로먼 우주 망원경을 보며 영원히 로먼을 추억할 수 있을 거야. 허블 우주 망원경 옆에 바로 그 망원경의 어머니, 로먼의 이름을 딴 새로운 우주 망원경이 함께하는 미래가 정말 기대되지 않아?

차세대 우주 망원경, 칼 세이건 천문대

우주의 기원 못지않게 인류의 호기심을 자극하는 또 다른 질문은 바로 '이 넓은 우주에 우리뿐일까?' 하는 질문이야. 그 답을 찾으려고 천문학자들은 지난 50여 년간 태양계 바깥의 외계 행성을 탐색해 왔어. 그리고 벌써 5,000개가 넘는 외계 행성을 확인했지. 아직 확실치 않지만 외계 행성으로 의심되는 후보 천체까지 생각하면 1만 개가 넘어. 그중에는 당장 외계 생명체가 살고 있다고 해도 전혀 이상하지 않은 행성이 50개 정도 있지.

하지만 지금까지 진행된 외계 행성 탐색 방식에는 치명적인 한계가 있어. 외계 행성의 실제 모습을 사진으로 선명하게 보지는 않았다는 점이야. 그동안 우리는 무언가 별 앞을 가리고 지나가면서 별이 어두워지는 모습을 통해 외계 행성을 간접적으로 관측해 왔어. 외계 행성은 중심 별보다 훨씬 작고 어두워서 직접 보는 건 굉장히 어렵거든.

이 까다로운 관측을 하려고 천문학자들은 또 다른 차세대 우주 망원경 계획을 준비하고 있어. 제임스 웹의 두 배나 되는 12미터 직경의 거대한 거울을 갖고 올라갈 '칼 세이건 천문대'야. 허블과 비교하면 무려 다섯 배 더 크지. 참고로 '망원경'이 아니라 '천문대'라는 이름이 붙게 된 건, 사실상 이 정도 규모라면 망원경보다는 천문대 하나가 통째로 우주로 올라갔다고 보는 게 더 적절하기 때문이야. 천문학자들은 가능하다면 칼 세이건의 탄생 100주년인 2034년에 이 새로운 망원경을 발사하려고 하고 있어. 계획에 따르면 칼 세이건 천문대는 주로 가시광선 빛으로 우주를 관측하면서 우리 눈으로 직접 보는 것처럼 외계 행성의 모습을 선명하게 재현할 거래.

외계 생명체의 존재 가능성을 고민하는 건 오랫동안 SF 영화 같은 망상으로만 여겨졌어. 하지만 칼 세이건은 외계 생명체를 과학의 틀 안에서 고민하고 다룰 수 있도록 우주생물학이라는 새로운 분야를 개척했지. 다행히도 칼 세이건은 세상을 떠나기 직전, 외계 행성이 실제로 발견되었다는 소식을 접할 수 있었어. 하지만 칼 세이건도 인류가 이렇게까지 많은 외계 행성을 발견할 수 있을 거라고 상상이나 했을까? 오늘날 얼마나 다양한 외계 행성이 발견되었는지 칼 세이건이 볼 수 있었다면 어떤 기분이었을까? 비록 한 인간으로서 칼 세이건은 먼지가 되어 우주로 돌아갔지만, 외계 생명체에 대한 그의 열망을 계승한 새로운 우주 망원경이 그의 못다 이룬 꿈을 이루러 우주로 올라갈 거야. 그날이 오기를 함께 기다려 보자.

교과 연계

중학교

과학2

Ⅰ. 물질의 구성

1. 물질의 기본 성분
2. 물질을 구성하는 입자
3. 전하를 띠는 입자

Ⅲ. 태양계

2. 지구와 달의 운동
3. 태양계를 구성하는 행성
4. 태양

Ⅷ. 과학기술과 인류 문명

1. 과학과 기술의 발달
2. 과학과 기술의 활용

과학3

Ⅰ. 화학 반응의 규칙과 에너지 변화

1. 물질의 변화
2. 화학 반응의 규칙
3. 화학 반응과 에너지 변화

Ⅲ. 운동과 에너지

1. 운동
2. 일과 에너지

Ⅶ. 별과 우주

1. 별의 특성
2. 은하와 우주
3. 우주 탐사

고등학교

통합과학

Ⅰ. 물질의 규칙성과 결합

1. 우주 초기에 만들어진 원소
2. 별의 진화와 원소의 생성

Ⅸ. 발전과 신재생 에너지

3. 태양 에너지의 생성과 전환

물리2

Ⅰ. 역학적 상호 작용

2. 행성의 운동과 상대성
4. 중력 렌즈와 블랙홀

지구과학1

Ⅴ. 별과 외계 행성계

1. 별의 표면 온도와 크기
3. 별의 진화
4. 별의 에너지원과 내부 구조
5. 외계 행성계 탐사
6. 외계 생명체 탐사

Ⅵ. 외부 은하와 우주 팽창

1. 외부 은하
2. 빅뱅 우주론
3. 암흑 물질과 암흑 에너지

지구과학2

Ⅶ. 우리은하와 우주의 구조

1. 천체의 거리 측정
6. 은하의 공간 분포

참고 자료

사진 출처

8쪽 ©Smithsonian Institution Archives

14쪽 ©F. Dyson, A. Eddington et al./Phil. Trans/ The Royal Astronomical Society

46쪽, 52쪽 ©The Huntington Library

56쪽 ©Carnegie Institution For Science

61쪽 ©NASA/ESA

62쪽 ©Borja Sotomayor; 위키미디어

73쪽 ©Harvey Richer (University of British Columbia, Vancouver, Canada), M. Bolte (University of California, Santa Cruz) and NASA/ESA

76쪽 ©Smithsonian Institution Archives

85쪽 ©MPE; 위키미디어

85쪽 ©BorderlineRebel; 위키미디어

85쪽 ©Cirone-Musi, Festival della Scienza; 플리커

91쪽 ©Billy Bob Bain; 플리커

94쪽 ©NASA/CXC/SAO

100쪽 ©Carnegie Institution/NOIRLab/NSF/AURA

105쪽, 106쪽 ©Carnegie Institution For Science

112쪽 ©Rubin Observatory/NSF/AURA

113쪽 ©LSST Camera Team/SLAC National Accelerator Laboratory/Rubin Observatory

149쪽 ©NASA/ESA

153쪽 ©NASA/GSFC/Jim Jeletic; 플리커

다른 포스트

뉴스레터 구독

별이 빛나는 우주의 과학자들

지구 너머를 꿈꾼 우주 발견의 역사

초판 1쇄 2024년 8월 16일

지은이 지웅배

펴낸이 김한청
기획편집 원경은 차언조 양선화 양희우 유자영
마케팅 정원식 이진범
디자인 이성아
운영 설채린

펴낸곳 도서출판 다른
출판등록 2004년 9월 2일 제2013-000194호
주소 서울시 마포구 동교로 27길 3-10 희경빌딩 4층
전화 02-3143-6478 **팩스** 02-3143-6479 **이메일** khc15968@hanmail.net
블로그 blog.naver.com/darun_pub **인스타그램** @darunpublishers

ISBN 979-11-5633-626-6 44000
979-11-5633-437-8 (세트)

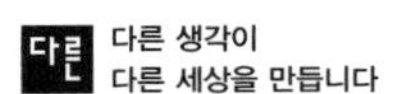